¡Dulce Tentación 2023!

Recetas de Bizcochos y Pasteles para toda ocasión

María del Pilar González

Tabla de contenido

Tarta de mousse de fresas 12

Tronco de Navidad 14

Pastel de capo de Pascua 16

Torta Simnel de Pascua 17

Torta de la Duodécima Noche 19

Tarta de manzana al microondas 20

Pastel De Puré De Manzana Al Microondas 21

Tarta de manzana y nueces al microondas 22

Pastel de Zanahoria al Microondas 23

Pastel de Zanahoria, Piña y Nueces al Microondas 24

Pasteles de salvado con especias en microondas 26

Cheesecake de Plátano y Maracuyá al Microondas 27

Cheesecake de Naranja Horneado en Microondas 28

Cheesecake de Piña en Microondas 29

Pan de Cereza y Nueces al Microondas 30

Pastel De Chocolate Al Microondas 31

Tarta de chocolate con almendras al microondas 32

Brownies de chocolate doble en microondas 34

Barras de dátiles de chocolate para microondas 35

Cuadritos de Chocolate al Microondas 36

Pastel de café rápido en microondas 38

Pastel de Navidad en microondas 39

Pastel de migas de microondas 41

Barras de dátiles para microondas 42

Pan de Higo al Microondas 43

Panqueques de microondas.. 44

Pastel de frutas al microondas.. 45

Cuadritos de Fruta y Coco al Microondas 46

Pastel De Fudge De Microondas 47

Pan De Jengibre De Microondas 48

Barras de jengibre para microondas.. 49

Torta dorada al microondas 50

Tarta de Miel y Avellanas al Microondas 51

Barras de muesli masticables para microondas................................. 52

Pastel De Nueces Al Microondas 53

Pastel de Jugo de Naranja al Microondas 54

Pávlova de microondas 55

Pastel de microondas 56

Tarta de Fresas en Microondas.. 57

Bizcocho Microondas 58

Barras Sultana para Microondas.. 59

Galletas de chocolate para microondas.. 60

Galletas de Coco al Microondas 61

Florentinos de microondas 62

Galletas de avellana y cereza al microondas 63

Galletas Sultana Microondas 64

Pan de Plátano al Microondas.. 65

Pan de Queso al Microondas 66

Pan de Nuez al Microondas 67

Tarta de Amaretti sin horno... 68

Barritas de Arroz Americano Crujiente 69

Cuadrados de albaricoque	70
Pastel de rollo suizo de albaricoque	71
Tortas De Galletas Rotas	72
Pastel de suero de leche sin hornear	73
rodaja de castaña	74
Bizcocho De Castañas	75
Barritas de Chocolate y Almendras	77
Pastel De Chocolate Crujiente	78
Cuadrados de migas de chocolate	79
Torta De Chocolate Frigorífico	80
Pastel de chocolate y frutas	81
Cuadritos de chocolate y jengibre	82
Cuadritos de chocolate y jengibre de lujo	83
Galletas De Chocolate Con Miel	84
Torta de chocolate en capas	85
Buenas barras de chocolate	86
Cuadritos De Praliné De Chocolate	87
Crujientes De Coco	88
Barras crujientes	89
Crujientes de coco y pasas	90
Cuadritos de café con leche	91
Pastel de frutas sin horno	92
Cuadrados Afrutados	93
Crujidos de Frutas y Fibras	94
Tarta De Capas De Turrón	95
Cuadritos de leche y nuez moscada	96
Crujiente de muesli	98

Cuadritos De Mousse De Naranja ... 99
Cuadrados de maní ... 100
Pasteles De Caramelo De Menta ... 101
Galletas de Arroz ... 102
Tofette de Arroz y Chocolate ... 103
Pasta de almendra ... 104
Pasta de almendras sin azúcar ... 105
glaseado real ... 106
Glaseado sin azúcar ... 107
glaseado de fondant ... 108
glaseado de mantequilla ... 109
Glaseado de mantequilla de chocolate ... 110
Glaseado de mantequilla de chocolate blanco ... 111
Glaseado de mantequilla de café ... 112
Glaseado de mantequilla de limón ... 113
Glaseado De Mantequilla De Naranja ... 114
Glaseado de Queso Crema ... 115
glaseado de naranja ... 116
Cobertura de Licor de Naranja ... 117
Galletas De Avena Y Pasas ... 118
Galletas De Avena Con Especias ... 119
Galletas Integrales De Avena ... 120
Galletas De Naranja ... 121
Galletas de naranja y limón ... 122
Galletas de naranja y nuez ... 123
Galletas de naranja y chispas de chocolate ... 124
Galletas de naranja con especias ... 125

Galletas de mantequilla de maní 126
Remolinos de mantequilla de maní y chocolate 127
Galletas de mantequilla de maní con avena 128
Galletas de mantequilla de maní con miel y coco 129
Galletas de nueces pecanas 130
Galletas de molinete 131
Galletas rápidas de suero de leche 132
Galletas De Pasas 133
Galletas suaves de pasas 134
Rodajas de pasas y melaza 135
Galletas Ratafía 136
Galletas de arroz y muesli 137
Cremas Romaníes 138
Galletas de arena 139
Galletas De Crema Agria 140
Galletas de azúcar moreno 141
Galletas de azúcar y nuez moscada 142
Mantecada 143
Galletas De Navidad 144
Pan dulce con miel 145
Galletas De Mantequilla De Limón 146
Pan dulce de carne picada 147
Galletas De Mantequilla De Nuez 148
Galletas De Naranja 149
Pan dulce del hombre rico 150
Galletas De Avena Integrales 152
Remolinos de almendras 153

Galletas De Merengue De Chocolate 154
Gente de galletas 155
Tarta helada de jengibre 156
Galletas Shrewsbury 157
Galletas especiadas españolas 158
Galletas de especias a la antigua 159
Galletas de melaza 160
Galletas de melaza, albaricoque y nueces 161
Galletas de melaza y suero de leche 162
Galletas de melaza y café 163
Galletas de melaza y dátiles 164
Galletas de melaza y jengibre 165
Galletas De Vainilla 166
Galletas De Nuez 167
Galletas Crujientes 168
biscochos de queso cheddar 169
Galletas De Queso Azul 170
Galletas de queso y sésamo 171
Palitos de queso 172
Galletas De Queso Y Tomate 173
Bocaditos de Queso de Cabra 174
Rollitos De Jamón Y Mostaza 175
Galletas De Jamón Y Pimientos 176
Galletas de hierbas simples 177
Galletas Indias 178
Shortbread de avellanas y chalota 179
Galletas De Salmón Y Eneldo 180

Galletas De Soda 181
Molinillos de tomate y parmesano 182
Galletas de tomate y hierbas 183
Pan Blanco Básico 184
Bagels 185
baps 186
Pan Cremoso De Cebada 187
Pan de Cerveza 188
Pan marrón de Boston 189
Macetas De Salvado 190
Rollos con mantequilla 191
Pan de suero de leche 192
Pan de Maíz Canadiense 193
Rollos de Cornualles 194
Pan Plano Campestre 195
Trenza campestre de semillas de amapola 196
Pan Integral Campestre 198
trenzas al curry 199
Divisiones de Devon 201
Pan de germen de trigo con frutas 202
Trenzas de leche con sabor a fruta 203
Pan de granero 204
Rollos de granero 205
Pan de Granero con Avellanas 206
Grissini 207
Trenza de cosecha 208
Pan de leche 210

Pan de frutas con leche 211

Pan de gloria de la mañana 212

pan de molde 213

Pan sin levadura 214

Masa para pizza... 215

Mazorca De Avena 216

Farl de avena... 217

Pan de pita 218

Pan integral rápido... 219

Pan de Arroz Húmedo 220

Pan de Arroz y Almendras... 221

Tarta de mousse de fresas

Hace un pastel de 23 cm/9 pulgadas

Para el pastel:

100 g/4 oz/1 taza de harina leudante

100 g/4 oz/½ taza de mantequilla o margarina, blanda

100 g/4 oz/½ taza de azúcar en polvo (superfina)

2 huevos

Para la espuma:

15 ml/1 cucharada de gelatina en polvo

30 ml/2 cucharadas de agua

450 g/1 libra de fresas

3 huevos, separados

75 g/3 oz/1/3 taza de azúcar en polvo (superfina)

5 ml/1 cucharadita de jugo de limón

300 ml/½ pt/1¼ tazas de crema doble (pesada)

30 ml/2 cucharadas de almendras en copos (en rodajas), ligeramente tostadas

Batir los ingredientes del pastel hasta que quede suave. Vierta en un molde para pasteles de 23 cm / 9 engrasado y forrado y hornee en un horno precalentado a 190 ° C / 375 ° F / marca de gas 5 durante 25 minutos hasta que estén dorados y firmes al tacto. Retirar del molde y dejar enfriar.

Para hacer la mousse, espolvorear la gelatina sobre el agua en un bol y dejar hasta que quede esponjosa. Coloque el recipiente en una cacerola con agua caliente y déjelo hasta que se disuelva. Dejar enfriar un poco. Mientras tanto, haga puré 350 g/12 oz de las fresas, luego frote a través de un tamiz (filtro) para desechar las pepitas. Bate las yemas de huevo y el azúcar hasta que estén pálidos y espesos y la mezcla se deslice por el batidor en tiras.

Agregue el puré, el jugo de limón y la gelatina. Batir la crema hasta que esté firme, luego doblar la mitad en la mezcla. Con un batidor y un tazón limpios, bata las claras de huevo hasta que estén firmes, luego incorpórelas a la mezcla.

Corta el bizcocho por la mitad horizontalmente y coloca la mitad en la base de un molde para pasteles (bandeja) limpio forrado con film transparente (envoltura de plástico). Rebane las fresas restantes y colóquelas sobre la esponja, luego cubra con la crema con sabor y finalmente la segunda capa de pastel. Presiona muy suavemente. Enfriar hasta que cuaje.

Para servir, invierta la tarta en un plato para servir y retire la película adhesiva (envoltura de plástico). Decora con la crema restante y adorna con las almendras.

Tronco de Navidad

hace uno

3 huevos

100 g/4 oz/½ taza de azúcar en polvo (superfina)

100 g/4 oz/1 taza de harina normal (para todo uso)

50 g/2 oz/½ taza de chocolate natural (semidulce), rallado

15 ml/1 cucharada de agua caliente

Azúcar glas (superfina) para rebozar

Para el glaseado (glaseado):
175 g/6 oz/¾ taza de mantequilla o margarina, blanda

350 g/12 oz/2 tazas de azúcar glas (glaseado), tamizada

30 ml/2 cucharadas de agua tibia

30 ml/2 cucharadas de cacao (chocolate sin azúcar) en polvo Para decorar:

hojas de acebo y petirrojo (opcional)

Bate los huevos y el azúcar en un recipiente resistente al calor colocado sobre una cacerola con agua hirviendo a fuego lento. Continúe batiendo hasta que la mezcla esté rígida y se desprenda del batidor en cintas. Retire del fuego y bata hasta que se enfríe. Doble la mitad de la harina, luego el chocolate, luego la harina restante, luego agregue el agua. Vierta en un molde para rollos suizos engrasado y forrado (molde para rollos de gelatina) y hornee en un horno precalentado a 220 °C/425 °F/nivel de gas 7 durante aproximadamente 10 minutos hasta que esté firme al tacto. Espolvoree una hoja grande de papel resistente a la grasa (encerado) con azúcar en polvo. Saca el bizcocho del molde sobre el papel y recorta los bordes. Cubra con otra hoja de papel y enrolle sin apretar desde el borde corto.

Para hacer el glaseado, mezcle la mantequilla o margarina y el azúcar glas, luego agregue el agua y el cacao. Desenrollar la tarta fría, quitar el papel y untar la tarta con la mitad del glaseado. Enróllelo nuevamente, luego cúbralo con el glaseado restante, marcándolo con un tenedor para que parezca un tronco. Tamiza un poco de azúcar glas por encima y decora a tu gusto.

Pastel de capo de Pascua

Hace un pastel de 20 cm/8 pulgadas

75 g/3 oz/1/3 taza de azúcar mascabado

3 huevos

75 g/3 oz/¾ taza de harina leudante

15 ml/1 cucharada de cacao (chocolate sin azúcar) en polvo

15 ml/1 cucharada de agua tibia

Para el llenado:
50 g/2 oz/¼ taza de mantequilla o margarina, blanda

75 g/3 oz/½ taza de azúcar glas, tamizada

Para la cobertura:
100 g/4 oz/1 taza de chocolate natural (semidulce)

25 g/1 oz/2 cucharadas de mantequilla o margarina

Cinta o flores de azúcar (opcional)

Bate el azúcar y los huevos en un recipiente resistente al calor colocado sobre una cacerola con agua hirviendo a fuego lento. Continúe batiendo hasta que la mezcla esté espesa y cremosa. Dejar reposar unos minutos, luego retirar del fuego y volver a batir hasta que la mezcla deje un rastro al retirar el batidor. Agregue la harina y el cacao, luego agregue el agua. Vierta la mezcla en un molde para pastel de 20 cm / 8 engrasado y forrado y en un molde para pastel de 15 cm / 6 engrasado y forrado. Hornee en un horno precalentado a 200 °C/400 °F/nivel de gas 6 durante 15 a 20 minutos hasta que suba bien y esté firme al tacto. Dejar enfriar sobre una rejilla.

Para hacer el relleno, bate la margarina y el azúcar glas. Úsalo para emparedar el pastel más pequeño encima del más grande.

Para hacer la cobertura, derrita el chocolate y la mantequilla o la margarina en un recipiente resistente al calor colocado sobre una cacerola con agua hirviendo a fuego lento. Vierta la cobertura sobre el pastel y extienda con un cuchillo mojado en agua caliente para que quede completamente cubierto. Decore alrededor del borde con una cinta o flores de azúcar.

Torta Simnel de Pascua

Hace un pastel de 20 cm/8 pulgadas

225 g/8 oz/1 taza de mantequilla o margarina, blanda

225 g/8 oz/1 taza de azúcar morena blanda

cáscara rallada de 1 limón

4 huevos batidos

225 g/8 oz/2 tazas de harina normal (para todo uso)

5 ml/1 cucharadita de levadura en polvo

2,5 ml/½ cucharadita de nuez moscada rallada

50 g/2 oz/½ taza de harina de maíz (fécula de maíz)

100 g/4 oz/2/3 taza de sultanas (pasas doradas)

100 g/4 oz/2/3 taza de pasas

75 g/3 oz/½ taza de grosellas

100 g/4 oz/½ taza de cerezas glaseadas (confitadas), picadas

25 g/1 oz/¼ taza de almendras molidas

450 g/1 libra de pasta de almendras

30 ml/2 cucharadas de mermelada de albaricoque (conserva)

1 clara de huevo, batida

Bate la mantequilla o margarina, el azúcar y la ralladura de limón hasta que quede pálido y esponjoso. Agregue gradualmente los huevos, luego agregue la harina, el polvo de hornear, la nuez moscada y la harina de maíz. Agregue la fruta y las almendras. Con una cuchara, vierte la mitad de la mezcla en un molde para pastel hondo de 20 cm / 8 engrasado y forrado. Estirar la mitad de la pasta de almendras en un círculo del tamaño del pastel y colocar encima de la mezcla. Rellene con la mezcla restante y hornee en un horno precalentado a 160°C/325°F/nivel de gas 3 durante 2–2½ horas hasta que estén doradas. Dejar enfriar en el molde. Cuando esté frío, desmolde y envuélvalo en papel resistente a la grasa (encerado). Almacene en un recipiente hermético hasta por tres semanas si es posible para madurar.

Para terminar la tarta, pincelamos la parte superior con la mermelada. Estirar las tres cuartas partes de la pasta de almendras restante en un círculo de 20 cm/8, alisar los bordes y colocar encima del pastel. Enrolle la pasta de almendras restante en 11 bolas (para representar a los discípulos sin Judas). Cepille la parte superior del pastel con clara de huevo batida y coloque las bolas alrededor del borde del pastel, luego píntelas con clara de huevo. Coloque debajo de una parrilla caliente (asador) durante un minuto más o menos para que se dore un poco.

Torta de la Duodécima Noche

Hace un pastel de 20 cm/8 pulgadas

225 g/8 oz/1 taza de mantequilla o margarina, blanda

225 g/8 oz/1 taza de azúcar morena blanda

4 huevos batidos

225 g/8 oz/2 tazas de harina normal (para todo uso)

5 ml / 1 cucharadita de especias mixtas molidas (pastel de manzana)

175 g/6 oz/1 taza de sultanas (pasas doradas)

100 g/4 oz/2/3 taza de pasas

75 g/3 oz/½ taza de grosellas

50 g/2 oz/¼ taza de cerezas glaseadas (confitadas)

50 g/2 oz/1/3 taza de cáscara picada mixta (confitada)

30 ml/2 cucharadas de leche

12 velas para decorar

Bate la mantequilla o margarina y el azúcar hasta que quede pálido y esponjoso. Agregue gradualmente los huevos, luego agregue la harina, las especias mezcladas, la fruta y la cáscara y mezcle hasta que estén bien mezclados, agregando un poco de leche si es necesario para lograr una mezcla suave. Vierta en un molde para pasteles de 20 cm / 8 pulgadas engrasado y forrado y hornee en un horno precalentado a 180 ° C / 350 ° F / marca de gas 4 durante 2 horas hasta que un palillo insertado en el centro salga limpio. Dejar

Tarta de manzana al microondas

Hace uno de 23 cm/9 en cuadrado

100 g/4 oz/½ taza de mantequilla o margarina, blanda

100 g/4 oz/½ taza de azúcar morena blanda

30 ml/2 cucharadas de jarabe dorado (maíz claro)

2 huevos, ligeramente batidos

225 g/8 oz/2 tazas de harina leudante

10 ml/2 cucharaditas de especias mixtas molidas (pastel de manzana)

120 ml/4 fl oz/½ taza de leche

2 manzanas para cocinar (ácidas), peladas, sin corazón y en rodajas finas

15 ml/1 cucharada de azúcar en polvo (superfina)

5 ml/1 cucharadita de canela molida

Batir la mantequilla o la margarina, el azúcar moreno y el almíbar hasta que quede pálido y esponjoso. Incorpora los huevos poco a poco. Agregue la harina y las especias mezcladas, luego agregue la leche hasta que tenga una consistencia suave. Agregue las manzanas. Coloque con una cuchara en un molde de anillo para microondas de 23 cm / 9 pulgadas engrasado y forrado con base (bandeja de tubo) y cocine en el microondas a temperatura Media durante 12 minutos hasta que esté firme. Deje reposar durante 5 minutos, luego voltee boca abajo y espolvoree con el azúcar en polvo y la canela.

Pastel De Puré De Manzana Al Microondas

Hace un pastel de 20 cm/8 pulgadas

100 g/4 oz/½ taza de mantequilla o margarina, blanda

175 g/6 oz/¾ taza de azúcar morena suave

1 huevo, ligeramente batido

175 g/6 oz/1½ tazas de harina normal (para todo uso)

2,5 ml/½ cucharadita de levadura en polvo

Una pizca de sal

2,5 ml/½ cucharadita de pimienta de Jamaica molida

1,5 ml/¼ de cucharadita de nuez moscada rallada

1,5 ml/¼ de cucharadita de clavo molido

300 ml/½ pt/1¼ tazas de puré de manzana sin azúcar (salsa)

75 g/3 oz/½ taza de pasas

Azúcar glas (de repostería) para espolvorear

Bate la mantequilla o la margarina y el azúcar moreno hasta que quede suave y esponjoso. Poco a poco agregue el huevo, luego agregue la harina, el polvo de hornear, la sal y las especias alternando con el puré de manzana y las pasas. Vierta en un plato para microondas de 20 cm / 8 pulgadas engrasado y enharinado y cocine en el microondas a temperatura alta durante 12 minutos. Dejar enfriar en la fuente, luego cortar en cuadrados y espolvorear con azúcar glas.

Tarta de manzana y nueces al microondas

Hace un pastel de 20 cm/8 pulgadas

175 g/6 oz/¾ taza de mantequilla o margarina, blanda

100 g/4 oz/½ taza de azúcar en polvo (superfina)

3 huevos, ligeramente batidos

30 ml/2 cucharadas de jarabe dorado (maíz claro)

Corteza rallada y jugo de 1 limón

175 g/6 oz/1½ tazas de harina leudante

50 g/2 oz/½ taza de nueces picadas

1 manzana para comer (de postre), pelada, sin corazón y picada

100 g/4 oz/2/3 taza de azúcar glas (de repostería)

30 ml/2 cucharadas de jugo de limón

15 ml/1 cucharada de agua

Mitades de nuez para decorar

Batir la mantequilla o la margarina y el azúcar impalpable hasta que quede suave y esponjoso. Agregar poco a poco los huevos, luego el almíbar, la ralladura de limón y el jugo. Agregue la harina, las nueces picadas y la manzana. Vierta en un plato redondo para microondas de 20 cm/8 pulgadas engrasado y cocine en el microondas a temperatura alta durante 4 minutos. Retire del horno y cubra con papel aluminio. Dejar enfriar. Mezcle el azúcar glas con el jugo de limón y suficiente agua para formar un glaseado (glaseado) suave. Extiende sobre el pastel y decora con mitades de nuez.

Pastel de Zanahoria al Microondas

Hace un pastel de 18 cm/7 pulgadas

100 g/4 oz/½ taza de mantequilla o margarina, blanda

100 g/4 oz/½ taza de azúcar morena blanda

2 huevos batidos

Corteza rallada y jugo de 1 naranja

2,5 ml/½ cucharadita de canela molida

Una pizca de nuez moscada rallada

100 g/4 oz de zanahorias, ralladas

100 g/4 oz/1 taza de harina leudante

25 g/1 oz/¼ taza de almendras molidas

25 g/1 oz/2 cucharadas de azúcar en polvo (superfina)

Para la cobertura:

100 g/4 oz/½ taza de queso crema

50 g/2 oz/1/3 taza de azúcar glas (glaseado), tamizada

30 ml/2 cucharadas de jugo de limón

Batir la mantequilla y el azúcar hasta que quede suave y esponjoso. Poco a poco agregue los huevos, luego agregue el jugo de naranja y la cáscara, las especias y las zanahorias. Incorpore la harina, las almendras y el azúcar. Vierta en un molde para pasteles de 18 cm / 7 engrasado y forrado y cubra con film transparente (envoltura de plástico). Cocine en el microondas a temperatura alta durante 8 minutos hasta que un palillo insertado en el centro salga limpio. Retirar el film transparente y dejar reposar 8 minutos antes de desmoldar sobre una rejilla para que termine de enfriarse. Bate los ingredientes de la cobertura, luego extiéndelos sobre el pastel enfriado.

Pastel de Zanahoria, Piña y Nueces al Microondas

Hace un pastel de 20 cm/8 pulgadas

225 g/8 oz/1 taza de azúcar en polvo (superfina)

2 huevos

120 ml/4 fl oz/½ taza de aceite

1,5 ml/¼ de cucharadita de sal

5 ml/1 cucharadita de bicarbonato de sodio (bicarbonato de sodio)

100 g/4 oz/1 taza de harina leudante

5 ml/1 cucharadita de canela molida

175 g/6 oz de zanahorias, ralladas

75 g/3 oz/¾ taza de nueces picadas

225 g/8 oz piña triturada con su jugo

Para el glaseado (glaseado):

15 g/½ oz/1 cucharada de mantequilla o margarina

50 g/2 oz/¼ taza de queso crema

10 ml/2 cucharaditas de jugo de limón

Azúcar glas (glaseado), tamizada

Cubra un molde de anillo grande (bandeja de tubo) con papel de hornear. Batir el azúcar, los huevos y el aceite. Agregue suavemente los ingredientes secos hasta que estén bien combinados. Agregue los ingredientes restantes de la torta. Vierta la mezcla en el molde preparado, colóquelo sobre una rejilla o un plato boca abajo y cocine en el microondas a temperatura alta durante 13 minutos o hasta que cuaje. Dejar reposar durante 5 minutos y luego desmoldar sobre una rejilla para que se enfríe.

Mientras tanto, hacer la guinda. Ponga la mantequilla o la margarina, el queso crema y el jugo de limón en un tazón y cocine en el microondas a temperatura alta durante 30 a 40 segundos. Poco a poco agregue suficiente azúcar glas para obtener una consistencia espesa y bata hasta que quede esponjoso. Cuando el bizcocho esté frío, repartir por encima el glaseado.

Pasteles de salvado con especias en microondas

hace 15

75 g/3 oz/¾ taza de cereal All Bran

250 ml/8 fl oz/1 taza de leche

175 g/6 oz/1½ tazas de harina normal (para todo uso)

75 g/3 oz/1/3 taza de azúcar en polvo (superfina)

10 ml/2 cucharaditas de levadura en polvo

10 ml/2 cucharaditas de especias mixtas molidas (pastel de manzana)

Una pizca de sal

60 ml/4 cucharadas de jarabe dorado (maíz claro)

45 ml/3 cucharadas de aceite

1 huevo, ligeramente batido

75 g/3 oz/½ taza de pasas

15 ml/1 cucharada de piel de naranja rallada

Remoja el cereal en la leche durante 10 minutos. Mezcle la harina, el azúcar, el polvo de hornear, la mezcla de especias y la sal, luego mezcle con el cereal. Agregue el almíbar, el aceite, el huevo, las pasas y la cáscara de naranja. Coloque en cajas de papel (papeles para magdalenas) y cocine en el microondas cinco pasteles a la vez a temperatura alta durante 4 minutos. Repita para los pasteles restantes.

Cheesecake de Plátano y Maracuyá al Microondas

Hace un pastel de 23 cm/9 pulgadas

100 g/4 oz/½ taza de mantequilla o margarina, derretida

175 g/6 oz/1½ tazas de migas de galleta de jengibre

250 g/9 oz/1 taza generosa de queso crema

175 ml/6 fl oz/¾ taza de crema agria (láctea agria)

2 huevos, ligeramente batidos

100 g/4 oz/½ taza de azúcar en polvo (superfina)

Corteza rallada y jugo de 1 limón

150 ml/¼ pt/2/3 taza de nata para montar

1 plátano, en rodajas

1 fruta de la pasión, picada

Mezcle la mantequilla o margarina y las migas de galleta y presione en la base y los lados de una flanera de microondas de 23 cm/9 pulgadas. Microondas a temperatura alta durante 1 minuto. Dejar enfriar.

Bata el queso crema y la crema agria hasta que quede suave, luego agregue el huevo, el azúcar y el jugo de limón y la cáscara. Vierta en la base y distribuya uniformemente. Cocine a fuego medio durante 8 minutos. Dejar enfriar.

Batir la nata a punto de nieve, luego extender sobre la funda. Cubra con rodajas de plátano y cubra con una cuchara la carne de maracuyá.

Cheesecake de Naranja Horneado en Microondas

Hace un pastel de 20 cm/8 pulgadas

50 g/2 oz/¼ taza de mantequilla o margarina

12 galletas digestivas (galletas Graham), trituradas

100 g/4 oz/½ taza de azúcar en polvo (superfina)

225 g/8 oz/1 taza de queso crema

2 huevos

30 ml/2 cucharadas de jugo de naranja concentrado

15 ml/1 cucharada de jugo de limón

150 ml/¼ pt/2/3 taza de crema agria (láctea agria)

Una pizca de sal

1 naranja

30 ml/2 cucharadas de mermelada de albaricoque (conserva)

150 ml/¼ pt/2/3 taza de crema doble (pesada)

Derrita la mantequilla o la margarina en una fuente para flan de microondas de 20 cm/8 pulgadas a temperatura alta durante 1 minuto. Agregue las migas de galleta y 25 g/1 oz/2 cucharadas de azúcar y presione sobre la base y los lados del plato. Bata el queso con el azúcar restante y los huevos, luego agregue los jugos de naranja y limón, la crema agria y la sal. Vierta en el estuche (cáscara) y cocine en el microondas a temperatura alta durante 2 minutos. Deje reposar durante 2 minutos, luego cocine en el microondas a temperatura alta durante otros 2 minutos. Deje reposar durante 1 minuto, luego cocine en el microondas a temperatura alta durante 1 minuto. Dejar enfriar.

Pele la naranja y retire los gajos de la membrana con un cuchillo afilado. Derrita la mermelada y cepille sobre la parte superior de la tarta de queso. Montar la nata y colocar en el borde de la tarta de queso, luego decorar con los gajos de naranja.

Cheesecake de Piña en Microondas

Hace un pastel de 23 cm/9 pulgadas

100 g/4 oz/½ taza de mantequilla o margarina, derretida

175 g/6 oz/1½ tazas de migas de galleta digestiva (galleta Graham)

250 g/9 oz/1 taza generosa de queso crema

2 huevos, ligeramente batidos

5 ml/1 cucharadita de cáscara de limón rallada

30 ml/2 cucharadas de jugo de limón

75 g/3 oz/1/3 taza de azúcar en polvo (superfina)

400 g/14 oz/1 lata grande de piña, escurrida y triturada

150 ml/¼ pt/2/3 taza de crema doble (pesada)

Mezcle la mantequilla o margarina y las migas de galleta y presione en la base y los lados de una flanera de microondas de 23 cm/9 pulgadas. Microondas a temperatura alta durante 1 minuto. Dejar enfriar.

> Bate el queso crema, los huevos, la ralladura de limón, el jugo y el azúcar hasta que quede suave. Agregue la piña y vierta en la base. Calentar en el microondas a temperatura media durante 6 minutos hasta que esté firme. Dejar enfriar.

Batir la crema hasta que esté firme, luego apilar sobre la tarta de queso.

Pan de Cereza y Nueces al Microondas

Rinde una hogaza de 900 g/2 lb

175 g/6 oz/¾ taza de mantequilla o margarina, blanda

175 g/6 oz/¾ taza de azúcar morena suave

3 huevos batidos

225 g/8 oz/2 tazas de harina normal (para todo uso)

10 ml/2 cucharaditas de levadura en polvo

Una pizca de sal

45 ml/3 cucharadas de leche

75 g/3 oz/1/3 taza de cerezas glaseadas (confitadas)

75 g/3 oz/¾ taza de nueces mixtas picadas

25 g/1 oz/3 cucharadas de azúcar glas, tamizada

Bate la mantequilla o la margarina y el azúcar moreno hasta que quede suave y esponjoso. Batir gradualmente los huevos, luego incorporar la harina, el polvo de hornear y la sal. Agregue suficiente leche para lograr una consistencia suave, luego agregue las cerezas y las nueces. Verter en una fuente de horno para microondas de 900 g engrasada y enharinada y espolvorear con el azúcar. Microondas a temperatura alta durante 7 minutos. Dejar reposar durante 5 minutos y luego desmoldar sobre una rejilla para que termine de enfriarse.

Pastel De Chocolate Al Microondas

Hace un pastel de 18 cm/7 pulgadas

225 g/8 oz/1 taza de mantequilla o margarina, blanda

175 g/6 oz/¾ taza de azúcar en polvo (superfina)

150 g/5 oz/1¼ tazas de harina leudante

50 g/2 oz/¼ taza de cacao (chocolate sin azúcar) en polvo

5 ml/1 cucharadita de levadura en polvo

3 huevos batidos

45 ml/3 cucharadas de leche

Mezcle todos los ingredientes y colóquelos en una fuente para microondas de 18 cm/7 pulgadas engrasada y forrada. Calentar en el microondas a temperatura alta durante 9 minutos hasta que esté firme al tacto. Dejar enfriar en la fuente durante 5 minutos, luego desmoldar sobre una rejilla para que termine de enfriarse.

Tarta de chocolate con almendras al microondas

Hace un pastel de 20 cm/8 pulgadas

Para el pastel:

100 g/4 oz/½ taza de mantequilla o margarina, blanda

100 g/4 oz/½ taza de azúcar en polvo (superfina)

2 huevos, ligeramente batidos

100 g/4 oz/1 taza de harina leudante

50 g/2 oz/½ taza de cacao (chocolate sin azúcar) en polvo

50 g/2 oz/½ taza de almendras molidas

150 ml/¼ pt/2/3 taza de leche

60 ml/4 cucharadas de jarabe dorado (maíz claro)

Para el glaseado (glaseado):

100 g/4 oz/1 taza de chocolate natural (semidulce)

25 g/1 oz/2 cucharadas de mantequilla o margarina

8 almendras enteras

Para hacer el pastel, mezcle la mantequilla o la margarina y el azúcar hasta que quede suave y esponjoso. Agregue gradualmente los huevos, luego agregue la harina y el cacao, seguido de las almendras molidas. Agregue la leche y el jarabe y bata hasta que esté suave y suave. Vierta en un plato para microondas de 20 cm/8 pulgadas forrado con film transparente (envoltura de plástico) y cocine en el microondas a temperatura alta durante 4 minutos. Retire del horno, cubra la parte superior con papel aluminio y deje enfriar un poco, luego desmolde sobre una rejilla para terminar de enfriar.

Para hacer el glaseado, derrita el chocolate y la mantequilla o la margarina a temperatura alta durante 2 minutos. Golpea bien. Sumerja la mitad de las almendras en el chocolate y déjelas reposar sobre un papel de horno (encerado). Vierta el glaseado restante sobre el pastel y extiéndalo por encima y por los lados. Decorar con las almendras y dejar cuajar.

Brownies de chocolate doble en microondas

Hace 8

150 g/5 oz/1¼ tazas de chocolate natural (semidulce), picado en trozos grandes

75 g/3 oz/1/3 taza de mantequilla o margarina

175 g/6 oz/¾ taza de azúcar morena suave

2 huevos, ligeramente batidos

150 g/5 oz/1¼ tazas de harina normal (para todo uso)

2,5 ml/½ cucharadita de levadura en polvo

2,5 ml/½ cucharadita de esencia de vainilla (extracto)

30 ml/2 cucharadas de leche

Derrita 50 g/2 oz/½ taza del chocolate con la mantequilla o la margarina a temperatura alta durante 2 minutos. Agregue el azúcar y los huevos, luego agregue la harina, el polvo de hornear, la esencia de vainilla y la leche hasta que quede suave. Vierta en un plato de microondas cuadrado de 20 cm/8 pulgadas engrasado y cocine en el microondas a temperatura alta durante 7 minutos. Dejar enfriar en el plato durante 10 minutos. Derrita el chocolate restante a temperatura alta durante 1 minuto, luego extiéndalo sobre la parte superior del pastel y déjelo enfriar. Cortar en cuadrados.

Barras de dátiles de chocolate para microondas

Hace 8

50 g/2 oz/1/3 taza de dátiles sin hueso (sin hueso), picados

60 ml/4 cucharadas de agua hirviendo

65 g/2½ oz/1/3 taza de mantequilla o margarina, blanda

225 g/8 oz/1 taza de azúcar en polvo (superfina)

1 huevo

100 g/4 oz/1 taza de harina normal (para todo uso)

10 ml/2 cucharaditas de cacao (chocolate sin azúcar) en polvo

2,5 ml/½ cucharadita de levadura en polvo

Una pizca de sal

25 g/1 oz/¼ taza de nueces mixtas picadas

100 g/4 oz/1 taza de chocolate natural (semidulce), finamente picado

Mezclar los dátiles con el agua hirviendo y dejar reposar hasta que se enfríe. Batir la mantequilla o la margarina con la mitad del azúcar hasta que quede suave y esponjosa. Agregue gradualmente el huevo, luego agregue alternativamente la harina, el cacao, el polvo de hornear y la sal y la mezcla de dátiles. Vierta en un plato de microondas cuadrado de 20 cm / 8 engrasado y enharinado. Mezcle el azúcar restante con las nueces y el chocolate y espolvoree por encima, presionando ligeramente. Microondas a temperatura alta durante 8 minutos. Dejar enfriar en la fuente antes de cortar en cuadrados.

Cuadritos de Chocolate al Microondas

Hace 16

Para el pastel:

50 g/2 oz/¼ taza de mantequilla o margarina

5 ml/1 cucharadita de azúcar en polvo (superfina)

75 g/3 oz/¾ taza de harina normal (para todo uso)

1 yema de huevo

15 ml/1 cucharada de agua

175 g/6 oz/1½ tazas de chocolate natural (semidulce), rallado o finamente picado

Para la cobertura:

50g /2 oz/¼ taza de mantequilla o margarina

50 g/2 oz/¼ taza de azúcar en polvo (superfina)

1 huevo

2,5 ml/½ cucharadita de esencia de vainilla (extracto)

100 g/4 oz/1 taza de nueces picadas

Para hacer el pastel, ablande la mantequilla o margarina y agregue el azúcar, la harina, la yema de huevo y el agua. Distribuya la mezcla de manera uniforme en un plato para microondas cuadrado de 20 cm/8 pulgadas y cocine en el microondas a temperatura alta durante 2 minutos. Espolvoree sobre el chocolate y cocine en el microondas a temperatura alta durante 1 minuto. Extender uniformemente sobre la base y dejar hasta que endurezca.

Para hacer la cobertura, caliente la mantequilla o la margarina en el microondas a temperatura alta durante 30 segundos. Agregue los ingredientes restantes de la cobertura y extiéndalos sobre el chocolate. Microondas a temperatura alta durante 5 minutos. Dejar enfriar, luego cortar en cuadrados.

Pastel de café rápido en microondas

Rinde un pastel de 19 cm/7 pulgadas

Para el pastel:

225 g/8 oz/1 taza de mantequilla o margarina, blanda

225 g/8 oz/1 taza de azúcar en polvo (superfina)

225 g/8 oz/2 tazas de harina leudante

5 huevos

45 ml/3 cucharadas de esencia de café (extracto)

Para el glaseado (glaseado):

30 ml/2 cucharadas de esencia de café (extracto)

175 g/6 oz/¾ taza de mantequilla o margarina

Azúcar glas (glaseado), tamizada

Mitades de nuez para decorar

Mezcle todos los ingredientes del pastel hasta que estén bien mezclados. Divida entre dos recipientes para pasteles de microondas de 19 cm/7 pulgadas y cocine cada uno a temperatura alta durante 5 a 6 minutos. Retirar del microondas y dejar enfriar.

Mezclar los ingredientes del glaseado, endulzando al gusto con azúcar glas. Cuando esté frío, emparedar los pasteles junto con la mitad del glaseado y esparcir el resto encima. Decorar con mitades de nuez.

Pastel de Navidad en microondas

Hace un pastel de 23 cm/9 pulgadas

150 g/5 oz/2/3 taza de mantequilla o margarina, blanda

150 g/5 oz/2/3 taza de azúcar morena blanda

3 huevos

30 ml/2 cucharadas de melaza negra (melaza)

225 g/8 oz/2 tazas de harina leudante

10 ml/2 cucharaditas de especias mixtas molidas (pastel de manzana)

2. 5 ml/½ cucharadita de nuez moscada rallada

2,5 ml/½ cucharadita de bicarbonato de sodio (bicarbonato de sodio)

450 g/1 lb/22/3 tazas de frutas secas mixtas (mezcla para pastel de frutas)

50 g/2 oz/¼ taza de cerezas glaseadas (confitadas)

50 g/2 oz/1/3 taza de cáscara mixta picada

50 g/2 oz/½ taza de nueces mixtas picadas

30 ml/2 cucharadas de brandy

Brandy adicional para madurar el bizcocho (opcional)

Batir la mantequilla o margarina y el azúcar hasta que quede suave y esponjosa. Agregue gradualmente los huevos y la melaza, luego agregue la harina, las especias y el bicarbonato de sodio. Agregue suavemente la fruta, la cáscara mixta y las nueces, luego agregue el brandy. Vierta en un plato de microondas de 23 cm / 9 pulgadas forrado con base y cocine en el microondas a temperatura baja durante 45 a 60 minutos. Dejar enfriar en la fuente durante 15 minutos antes de desmoldar sobre una rejilla para que termine de enfriarse.

Cuando esté frío, envuelva el pastel en papel de aluminio y guárdelo en un lugar fresco y oscuro durante 2 semanas. Si lo desea, perfore la parte superior del pastel varias veces con un pincho delgado y espolvoree un poco más de brandy, luego vuelva a envolver y guarde el pastel. Puedes hacer esto varias veces para crear un pastel más rico.

Pastel de migas de microondas

Hace un pastel de 20 cm/8 pulgadas

300 g/10 oz/1¼ tazas de azúcar en polvo (superfina)

225 g/8 oz/2 tazas de harina normal (para todo uso)

10 ml/2 cucharaditas de levadura en polvo

5 ml/1 cucharadita de canela molida

100 g/4 oz/½ taza de mantequilla o margarina, blanda

2 huevos, ligeramente batidos

100 ml/3½ fl oz/6½ cucharadas de leche

Mezclar el azúcar, la harina, el polvo de hornear y la canela. Trabaje con la mantequilla o la margarina, luego reserve una cuarta parte de la mezcla. Mezcle los huevos y la leche y bátalos en la porción más grande de la mezcla para pastel. Vierta la mezcla en una fuente para microondas de 20 cm/8 in engrasada y enharinada y espolvoree con la mezcla de crumble reservada. Microondas a temperatura alta durante 10 minutos. Dejar enfriar en el plato.

Barras de dátiles para microondas

hace 12

150 g/5 oz/1¼ tazas de harina leudante

175 g/6 oz/¾ taza de azúcar en polvo (superfina)

100 g/4 oz/1 taza de coco deshidratado (rallado)

100 g/4 oz/2/3 tazas de dátiles sin hueso (sin hueso), picados

50 g/2 oz/½ taza de nueces mixtas picadas

100 g/4 oz/½ taza de mantequilla o margarina, derretida

1 huevo, ligeramente batido

Azúcar glas (glaseado) para espolvorear

Mezcla los ingredientes secos. Agregue la mantequilla o margarina y el huevo y mezcle hasta obtener una masa firme. Presione en la base de un plato de microondas cuadrado de 20 cm/8 pulgadas y cocine en el microondas a temperatura Media durante 8 minutos hasta que esté firme. Dejar en la fuente durante 10 minutos, luego cortar en barras y desmoldar sobre una rejilla para que termine de enfriar.

Pan de Higo al Microondas

Rinde una hogaza de 675 g/1½ lb

100 g/4 oz/2 tazas de salvado

50 g/2 oz/¼ taza de azúcar morena suave

45 ml/3 cucharadas de miel clara

100 g/4 oz/2/3 taza de higos secos picados

50 g/2 oz/½ taza de avellanas picadas

300 ml/½ pt/1¼ tazas de leche

100 g/4 oz/1 taza de harina integral (integral)

10 ml/2 cucharaditas de levadura en polvo

Una pizca de sal

Mezcle todos los ingredientes hasta obtener una masa rígida. Forme una fuente de pan para microondas y nivele la superficie. Cocine a temperatura alta durante 7 minutos. Dejar enfriar en la fuente durante 10 minutos, luego desmoldar sobre una rejilla para que termine de enfriarse.

Panqueques de microondas

Hace 24

175 g/6 oz/¾ taza de mantequilla o margarina, blanda

50 g/2 oz/¼ taza de azúcar en polvo (superfina)

50 g/2 oz/¼ taza de azúcar morena suave

90 ml/6 cucharadas de jarabe dorado (maíz claro)

Una pizca de sal

275 g/10 oz/2½ tazas de copos de avena

Mezcle la mantequilla o la margarina y los azúcares en un tazón grande y cocine a temperatura alta durante 1 minuto. Agregue los ingredientes restantes y revuelva bien. Vierta la mezcla en un plato para microondas de 18 cm/7 pulgadas engrasado y presione ligeramente hacia abajo. Cocine a temperatura alta durante 5 minutos. Dejar enfriar un poco, luego cortar en cuadrados.

Pastel de frutas al microondas

Hace un pastel de 18 cm/7 pulgadas

175 g/6 oz/¾ taza de mantequilla o margarina, blanda

175 g/6 oz/¾ taza de azúcar en polvo (superfina)

cáscara rallada de 1 limón

3 huevos batidos

225 g/8 oz/2 tazas de harina normal (para todo uso)

5 ml / 1 cucharadita de especias mixtas molidas (pastel de manzana)

225 g/8 oz/11/3 tazas de pasas

225 g/8 oz/11/3 tazas sultanas (pasas doradas)

50 g/2 oz/¼ taza de cerezas glaseadas (confitadas)

50 g/2 oz/½ taza de nueces mixtas picadas

15 ml/1 cucharada de jarabe dorado (maíz claro)

45 ml/3 cucharadas de brandy

Bate la mantequilla o la margarina y el azúcar hasta que quede suave y esponjosa. Mezcle la cáscara de limón, luego bata gradualmente los huevos. Agregue la harina y las especias mezcladas, luego mezcle los ingredientes restantes. Vierta en un plato redondo para microondas de 18 cm / 7 pulgadas engrasado y forrado y cocine en el microondas a temperatura baja durante 35 minutos hasta que un palillo insertado en el centro salga limpio. Dejar enfriar en la fuente durante 10 minutos, luego desmoldar sobre una rejilla para que termine de enfriarse.

Cuadritos de Fruta y Coco al Microondas

Hace 8

50 g/2 oz/¼ taza de mantequilla o margarina

9 galletas digestivas (galletas Graham), trituradas

50 g/2 oz/½ taza de coco deshidratado (rallado)

100 g/4 oz/2/3 taza de cáscara picada mixta (confitada)

50 g/2 oz/1/3 taza de dátiles sin hueso (sin hueso), picados

15 ml/1 cucharada de harina normal (para todo uso)

25 g/1 oz/2 cucharadas de cerezas glaseadas (confitadas), picadas

100 g/4 oz/1 taza de nueces picadas

150 ml/¼ pt/2/3 taza de leche condensada

Derrita la mantequilla o la margarina en un plato para microondas cuadrado de 20 cm/8 pulgadas a temperatura alta durante 40 segundos. Agregue las migas de galleta y distribuya uniformemente sobre la base del plato. Espolvorear con el coco, luego con la piel mixta. Mezcla los dátiles con la harina, las cerezas y las nueces y espolvorea por encima, luego vierte sobre la leche. Microondas a temperatura alta durante 8 minutos. Dejar enfriar en el plato, luego cortar en cuadrados.

Pastel De Fudge De Microondas

Hace un pastel de 20 cm/8 pulgadas

150 g/5 oz/1¼ tazas de harina normal (para todo uso)

5 ml/1 cucharadita de levadura en polvo

Una pizca de bicarbonato de sodio (bicarbonato de sodio)

Una pizca de sal

300 g/10 oz/1¼ tazas de azúcar en polvo (superfina)

50 g/2 oz/¼ taza de mantequilla o margarina, blanda

250 ml/8 fl oz/1 taza de leche

Unas gotas de esencia de vainilla (extracto)

1 huevo

100 g/4 oz/1 taza de chocolate natural (semidulce), picado

50g /2 oz/½ taza de nueces mixtas picadas

Glaseado de mantequilla de chocolate

Mezcle la harina, el polvo de hornear, el bicarbonato de sodio y la sal. Agregue el azúcar, luego agregue la mantequilla o margarina, la leche y la esencia de vainilla hasta que quede suave. Batir el huevo. Microondas tres cuartas partes del chocolate a temperatura alta durante 2 minutos hasta que se derrita, luego bátalo en la mezcla de pastel hasta que quede cremoso. Agregue las nueces. Vierta la mezcla en dos platos de microondas de 20 cm/8 engrasados y enharinados y cocine en el microondas cada uno por separado durante 8 minutos. Retire del horno, cubra con papel aluminio y deje enfriar durante 10 minutos, luego desmolde sobre una rejilla para terminar de enfriar. Empareda junto con la mitad del glaseado de mantequilla (glaseado), luego unta el glaseado restante por encima y decora con el chocolate reservado.

Pan De Jengibre De Microondas

Hace un pastel de 20 cm/8 pulgadas

50 g/2 oz/¼ taza de mantequilla o margarina

75 g/3 oz/¼ taza de melaza negra (melaza)

15 ml/1 cucharada de azúcar en polvo (superfina)

100 g/4 oz/1 taza de harina normal (para todo uso)

5 ml/1 cucharadita de jengibre molido

2,5 ml/½ cucharadita de especias mixtas molidas (pastel de manzana)

2,5 ml/½ cucharadita de bicarbonato de sodio (bicarbonato de sodio)

1 huevo batido

Coloque la mantequilla o la margarina en un tazón y cocine en el microondas a temperatura alta durante 30 segundos. Agregue la melaza y el azúcar y cocine en el microondas a temperatura alta durante 1 minuto. Agregue la harina, las especias y el bicarbonato de sodio. Batir el huevo. Vierta la mezcla en un plato engrasado de 1,5 litros/2½ pintas/6 tazas y cocine en el microondas a temperatura alta durante 4 minutos. Deje enfriar en el plato durante 5 minutos, luego desmolde sobre una rejilla para terminar de enfriar.

Barras de jengibre para microondas

hace 12

Para el pastel:

150 g/5 oz/2/3 taza de mantequilla o margarina, blanda

50 g/2 oz/¼ taza de azúcar en polvo (superfina)

100 g/4 oz/1 taza de harina normal (para todo uso)

2,5 ml/½ cucharadita de levadura en polvo

5 ml/1 cucharadita de jengibre molido

Para la cobertura:

15 g/½ oz/1 cucharada de mantequilla o margarina

15 ml/1 cucharada de jarabe dorado (maíz claro)

Unas gotas de esencia de vainilla (extracto)

5 ml/1 cucharadita de jengibre molido

50 g/2 oz/1/3 taza de azúcar glas (glaseado)

Para hacer el pastel, mezcle la mantequilla o la margarina y el azúcar hasta que quede suave y esponjoso. Agregue la harina, el polvo de hornear y el jengibre y mezcle hasta obtener una masa suave. Presione en un plato de microondas cuadrado de 20 cm/8 pulgadas y cocine en el microondas a temperatura Media durante 6 minutos hasta que esté firme.

Para hacer la cobertura, derrita la mantequilla o margarina y el almíbar. Agregue la esencia de vainilla, el jengibre y el azúcar glas y bata hasta que espese. Distribuya uniformemente sobre el pastel tibio. Dejar enfriar en el plato, luego cortar en barras o cuadrados.

Torta dorada al microondas

Hace un pastel de 20 cm/8 pulgadas

Para el pastel:
100 g/4 oz/½ taza de mantequilla o margarina, blanda

100 g/4 oz/½ taza de azúcar en polvo (superfina)

2 huevos, ligeramente batidos

Unas gotas de esencia de vainilla (extracto)

225 g/8 oz/2 tazas de harina normal (para todo uso)

10 ml/2 cucharaditas de levadura en polvo

Una pizca de sal

60 ml/4 cucharadas de leche

Para el glaseado (glaseado):
50 g/2 oz/¼ taza de mantequilla o margarina, blanda

100 g/4 oz/2/3 taza de azúcar glas (de repostería)

Unas gotas de esencia de vainilla (extracto) (opcional)

Para hacer el pastel, mezcle la mantequilla o margarina y el azúcar hasta que quede suave y esponjoso. Batir gradualmente los huevos, luego incorporar la harina, el polvo de hornear y la sal. Agregue suficiente leche para darle una consistencia suave y goteante. Repartir en dos platos para microondas de 20 cm/8 engrasados y enharinados y cocinar cada bizcocho por separado a temperatura alta durante 6 minutos. Retire del horno, cubra con papel aluminio y deje enfriar durante 5 minutos, luego desmolde sobre una rejilla para terminar de enfriar.

Para hacer el glaseado, bata la mantequilla o la margarina hasta que esté suave, luego agregue el azúcar glas y la esencia de vainilla, si lo desea. Empareje los pasteles junto con la mitad del glaseado, luego extienda el resto sobre la parte superior.

Tarta de Miel y Avellanas al Microondas

Hace un pastel de 18 cm/7 pulgadas

150 g/5 oz/2/3 taza de mantequilla o margarina, blanda

100 g/4 oz/½ taza de azúcar morena blanda

45 ml/3 cucharadas de miel clara

3 huevos batidos

225 g/8 oz/2 tazas de harina leudante

100 g/4 oz/1 taza de avellanas molidas

45 ml/3 cucharadas de leche

glaseado de mantequilla

Batir la mantequilla o margarina, el azúcar y la miel hasta que quede suave y esponjosa. Poco a poco agregue los huevos, luego agregue la harina y las avellanas y suficiente leche para darle una consistencia suave. Vierta en un plato para microondas de 18 cm/7 in y cocine a temperatura media durante 7 minutos. Dejar enfriar en la fuente durante 5 minutos, luego desmoldar sobre una rejilla para que termine de enfriarse. Corte el pastel por la mitad horizontalmente, luego haga un sándwich con glaseado de mantequilla (glaseado).

Barras de muesli masticables para microondas

Hace alrededor de 10

100 g/4 oz/½ taza de mantequilla o margarina

175 g/6 oz/½ taza de miel clara

50 g/2 oz/1/3 taza de albaricoques secos listos para comer, picados

50 g/2 oz/1/3 taza de dátiles sin hueso (sin hueso), picados

75 g/3 oz/¾ taza de nueces mixtas picadas

100 g/4 oz/1 taza de copos de avena

100 g/4 oz/½ taza de azúcar morena blanda

1 huevo batido

25 g/1 oz/2 cucharadas de harina leudante

Coloque la mantequilla o margarina y la miel en un recipiente y cocine a temperatura alta durante 2 minutos. Mezcle todos los ingredientes restantes. Vierta en una bandeja para hornear para microondas de 20 cm/8 pulgadas y cocine en el microondas a temperatura alta durante 8 minutos. Dejar enfriar un poco, luego cortar en cuadrados o rodajas.

Pastel De Nueces Al Microondas

Hace un pastel de 20 cm/8 pulgadas

150 g/5 oz/1¼ tazas de harina normal (para todo uso)

Una pizca de sal

5 ml/1 cucharadita de canela molida

75 g/3 oz/1/3 taza de azúcar morena blanda

75 g/3 oz/1/3 taza de azúcar en polvo (superfina)

75 ml/5 cucharadas de aceite

25 g/1 oz/¼ taza de nueces picadas

5 ml/1 cucharadita de levadura en polvo

2,5 ml/½ cucharadita de bicarbonato de sodio (bicarbonato de sodio)

1 huevo

150 ml/¼ pt/2/3 taza de leche agria

Mezclar la harina, la sal y la mitad de la canela. Agregue los azúcares, luego bata el aceite hasta que esté bien mezclado. Retire 90 ml/6 cucharadas de la mezcla y revuélvala con las nueces y la canela restante. Agregue el polvo de hornear, el bicarbonato de sodio, el huevo y la leche a la mayor parte de la mezcla y bata hasta que quede suave. Vierta la mezcla principal en una fuente para microondas de 20 cm/8 pulgadas engrasada y enharinada y espolvoree la mezcla de nueces por encima. Microondas a temperatura alta durante 8 minutos. Dejar enfriar en la fuente durante 10 minutos y servir tibio.

Pastel de Jugo de Naranja al Microondas

Hace un pastel de 20 cm/8 pulgadas

250 g/9 oz/2¼ tazas de harina normal (para todo uso)

225 g/8 oz/1 taza de azúcar granulada

15 ml/1 cucharada de levadura en polvo

2,5 ml/½ cucharadita de sal

60 ml/4 cucharadas de aceite

250 ml/8 fl oz/2 tazas de jugo de naranja

2 huevos, separados

100 g/4 oz/½ taza de azúcar en polvo (superfina)

Glaseado De Mantequilla De Naranja

Glaseado de Naranja

Mezcle la harina, el azúcar granulada, el polvo de hornear, la sal, el aceite y la mitad del jugo de naranja y bata hasta que esté bien mezclado. Batir las yemas de huevo y el jugo de naranja restante hasta que estén suaves y ligeros. Batir las claras de huevo hasta que estén firmes, luego agregar la mitad del azúcar impalpable y batir hasta que estén espesas y brillantes. Agregue el azúcar restante, luego doble las claras de huevo en la mezcla de pastel. Sirva en dos platos para microondas de 20 cm/8 engrasados y enharinados y cocine en el microondas cada uno por separado a temperatura alta durante 6 a 8 minutos. Retire del horno, cubra con papel aluminio y deje enfriar durante 5 minutos, luego desmolde sobre una rejilla para terminar de enfriar. Empareje los pasteles junto con el glaseado de mantequilla de naranja (glaseado) y extienda el glaseado de naranja sobre la parte superior.

Pávlova de microondas

Hace un pastel de 23 cm/9 pulgadas

4 claras de huevo

225 g/8 oz/1 taza de azúcar en polvo (superfina)

2,5 ml/½ cucharadita de esencia de vainilla (extracto)

Unas gotas de vinagre de vino

150 ml/¼ pt/2/3 taza de nata para montar

1 kiwi, en rodajas

100 g/4 oz de fresas, rebanadas

Batir las claras de huevo hasta que formen picos suaves. Espolvorear la mitad del azúcar y batir bien. Agrega poco a poco el resto del azúcar, la esencia de vainilla y el vinagre y bate hasta disolver. Vierta la mezcla en un círculo de 23 cm/9 en un trozo de papel para hornear. Microondas a temperatura alta durante 2 minutos. Dejar reposar en el microondas con la puerta abierta durante 10 minutos. Retire del horno, retire el papel protector y deje enfriar. Montar la nata a punto de nieve y extenderla por encima del merengue. Arregle la fruta de manera atractiva en la parte superior.

Pastel de microondas

Hace un pastel de 20 cm/8 pulgadas

225 g/8 oz/2 tazas de harina normal (para todo uso)

15 ml/1 cucharada de levadura en polvo

50 g/2 oz/¼ taza de azúcar en polvo (superfina)

100 g/4 oz/½ taza de mantequilla o margarina

75 ml/5 cucharadas de crema única (ligera)

1 huevo

Mezcle la harina, el polvo de hornear y el azúcar, luego frote la mantequilla o la margarina hasta que la mezcla parezca pan rallado. Mezcle la crema y el huevo, luego incorpore la mezcla de harina hasta obtener una masa suave. Presione en un plato para microondas engrasado de 20 cm/8 pulgadas y cocine en el microondas a temperatura alta durante 6 minutos. Dejar reposar durante 4 minutos, luego desmoldar y terminar de enfriar sobre una rejilla.

Tarta de Fresas en Microondas

Hace un pastel de 20 cm/8 pulgadas

900 g/2 lb de fresas, en rodajas gruesas

225 g/8 oz/1 taza de azúcar en polvo (superfina)

225 g/8 oz/2 tazas de harina normal (para todo uso)

15 ml/1 cucharada de levadura en polvo

175 g/6 oz/¾ taza de mantequilla o margarina

75 ml/5 cucharadas de crema única (ligera)

1 huevo

150 ml/¼ pt/2/3 taza de crema doble (espesa), batida

Mezcle las fresas con 175 g/ 6 oz/¾ taza de azúcar, luego enfríe durante al menos 1 hora.

Mezcle la harina, el polvo de hornear y el azúcar restante, luego frote 100 g/4 oz/½ taza de mantequilla o margarina hasta que la mezcla parezca pan rallado. Mezcle la nata y el huevo, luego incorpore la mezcla de harina hasta obtener una masa suave. Presione en un plato para microondas engrasado de 20 cm/8 pulgadas y cocine en el microondas a temperatura alta durante 6 minutos. Dejar reposar durante 4 minutos, luego desmoldar y partir por el centro mientras aún está caliente. Dejar enfriar.

Unte ambas superficies cortadas con la mantequilla o margarina restante. Extienda un tercio de la crema batida sobre la base, luego cubra con las tres cuartas partes de las fresas. Cubra con un tercio más de la crema, luego coloque el segundo bizcocho encima. Cubra con la crema restante y las fresas.

Bizcocho Microondas

Hace un pastel de 18 cm/7 pulgadas

150 g/5 oz/1¼ tazas de harina leudante

100 g/4 oz/½ taza de mantequilla o margarina

100 g/4 oz/½ taza de azúcar en polvo (superfina)

2 huevos

30 ml/2 cucharadas de leche

Batir todos los ingredientes hasta que quede suave. Con una cuchara, coloque en un plato de microondas de 18 cm / 7 forrado con base y cocine en el microondas a temperatura Media durante 6 minutos. Dejar enfriar en la fuente durante 5 minutos, luego desmoldar sobre una rejilla para que termine de enfriarse.

Barras Sultana para Microondas

hace 12

175 g/6 oz/¾ taza de mantequilla o margarina

100 g/4 oz/½ taza de azúcar en polvo (superfina)

15 ml/1 cucharada de jarabe dorado (maíz claro)

75 g/3 oz/½ taza de sultanas (pasas doradas)

5 ml/1 cucharadita de cáscara de limón rallada

225 g/8 oz/2 tazas de harina leudante

Para el glaseado (glaseado):
175 g/6 oz/1 taza de azúcar glas (glaseado)

30 ml/2 cucharadas de jugo de limón

Cocine en el microondas la mantequilla o margarina, el azúcar extrafino y el almíbar a temperatura Media durante 2 minutos. Agregue las pasas sultanas y la cáscara de limón. Incorpore la harina. Coloque con una cuchara en un plato para microondas cuadrado de 20 cm/8 pulgadas engrasado y forrado y cocine en el microondas a temperatura Media durante 8 minutos hasta que esté firme. Dejar enfriar un poco.

En un bol ponemos el azúcar glas y hacemos un hueco en el centro. Mezcle gradualmente el jugo de limón para hacer un glaseado suave. Extender sobre el pastel mientras aún está tibio, luego dejar enfriar por completo.

Galletas de chocolate para microondas

Hace 24

225 g/8 oz/1 taza de mantequilla o margarina, blanda

100 g/4 oz/½ taza de azúcar morena oscura

5 ml/1 cucharadita esencia de vainilla (extracto)

225 g/8 oz/2 tazas de harina leudante

50 g/2 oz/½ taza de chocolate en polvo para beber

Batir la mantequilla, el azúcar y la esencia de vainilla hasta que quede suave y esponjosa. Mezcle gradualmente la harina y el chocolate y mezcle hasta obtener una masa suave. Forme bolas del tamaño de una nuez, coloque seis a la vez en una bandeja para hornear (galletas) para microondas engrasada y aplánelas ligeramente con un tenedor. Microondas cada lote a temperatura alta durante 2 minutos, hasta que todos los bizcochos (galletas) estén cocidos. Dejar enfriar sobre una rejilla.

Galletas de Coco al Microondas

Hace 24

50 g/2 oz/¼ taza de mantequilla o margarina, blanda

75 g/3 oz/1/3 taza de azúcar en polvo (superfina)

1 huevo, ligeramente batido

2,5 ml/½ cucharadita de esencia de vainilla (extracto)

75 g/3 oz/¾ taza de harina normal (para todo uso)

25 g/1 oz/¼ taza de coco deshidratado (rallado)

Una pizca de sal

30 ml/2 cucharadas de mermelada de fresa (conserva)

Batir la mantequilla o margarina y el azúcar hasta que quede suave y esponjoso. Agregue el huevo y la esencia de vainilla alternativamente con la harina, el coco y la sal y mezcle hasta obtener una masa suave. Forme bolas del tamaño de una nuez y coloque seis a la vez en una bandeja para hornear (galletas) para microondas engrasada, luego presione ligeramente con un tenedor para aplanar ligeramente. Cocine en el microondas a temperatura alta durante 3 minutos hasta que esté firme. Transfiera a una rejilla y coloque una cucharada de mermelada en el centro de cada galleta. Repita con las galletas restantes.

Florentinos de microondas

hace 12

50 g/2 oz/¼ taza de mantequilla o margarina

50 g/2 oz/¼ taza de azúcar demerara

15 ml/1 cucharada de jarabe dorado (maíz claro)

50 g/2 oz/¼ taza de cerezas glaseadas (confitadas)

75 g/3 oz/¾ taza de nueces picadas

25 g/1 oz/3 cucharadas sultanas (pasas doradas)

25 g/1 oz/¼ taza de almendras en hojuelas (en rodajas)

30 ml/2 cucharadas de cáscara picada mixta (confitada)

25 g/1 oz/¼ taza de harina normal (para todo uso)

100 g/4 oz/1 taza de chocolate natural (semidulce), troceado (opcional)

Cocine en el microondas la mantequilla o margarina, el azúcar y el jarabe a temperatura alta durante 1 minuto hasta que se derrita. Agregue las cerezas, las nueces, las sultanas y las almendras, luego mezcle la cáscara mezclada y la harina. Coloque cucharaditas de la mezcla, bien separadas, sobre papel resistente a la grasa (encerado) y cocine cuatro a la vez a temperatura alta durante 1½ minutos cada tanda. Pulir los bordes con un cuchillo, dejar enfriar sobre el papel durante 3 minutos, luego transferir a una rejilla para terminar de enfriar. Repita con las galletas restantes. Si gusta, derrita el chocolate en un bol durante 30 segundos y extiéndalo por un lado de las florentinas, luego deje que cuaje.

Galletas de avellana y cereza al microondas

Hace 24

100 g/4 oz/½ taza de mantequilla o margarina, blanda

100 g/4 oz/½ taza de azúcar en polvo (superfina)

1 huevo batido

175 g/6 oz/1½ tazas de harina normal (para todo uso)

50 g/2 oz/½ taza de avellanas molidas

100 g/4 oz/½ taza de cerezas glaseadas (confitadas)

Batir la mantequilla o margarina y el azúcar hasta que quede suave y esponjosa. Batir gradualmente el huevo, luego incorporar la harina, las avellanas y las cerezas. Coloque cucharadas bien espaciadas en bandejas para hornear en el microondas (galletas) y cocine en el microondas ocho bizcochos (galletas) a la vez a temperatura alta durante aproximadamente 2 minutos hasta que estén firmes.

Galletas Sultana Microondas

Hace 24

225 g/8 oz/2 tazas de harina normal (para todo uso)

5 ml / 1 cucharadita de especias mixtas molidas (pastel de manzana)

175 g/6 oz/¾ taza de mantequilla o margarina, blanda

100 g/4 oz/2/3 taza de sultanas (pasas doradas)

175 g/6 oz/¾ taza de azúcar demerara

Mezcle la harina y las especias mezcladas, luego mezcle la mantequilla o margarina, las sultanas y 100 g/4 oz/½ taza de azúcar para hacer una masa suave. Enrolle en forma de dos salchichas de unos 18 cm/7 pulgadas de largo y enrolle el azúcar restante. Córtelos en rebanadas y coloque seis a la vez en una bandeja para hornear (galletas) para microondas engrasada y cocine en el microondas a temperatura alta durante 2 minutos. Dejar enfriar sobre una rejilla y repetir con el resto de bizcochos (galletas).

Pan de Plátano al Microondas

Rinde una hogaza de 450 g/1 lb

75 g/3 oz/1/3 taza de mantequilla o margarina, blanda

175 g/6 oz/¾ taza de azúcar en polvo (superfina)

2 huevos, ligeramente batidos

200 g/7 oz/1¾ tazas de harina normal (para todo uso)

10 ml/2 cucharaditas de levadura en polvo

2,5 ml/½ cucharadita de bicarbonato de sodio (bicarbonato de sodio)

Una pizca de sal

2 plátanos maduros

15 ml/1 cucharada de jugo de limón

60 ml/4 cucharadas de leche

50 g/2 oz/½ taza de nueces picadas

Batir la mantequilla o margarina y el azúcar hasta que quede suave y esponjoso. Agregue gradualmente los huevos, luego agregue la harina, el polvo de hornear, el bicarbonato de sodio y la sal. Triture los plátanos con el jugo de limón, luego incorpórelos a la mezcla con la leche y las nueces. Vierta en un molde para microondas de 450 g/1 lb engrasado y enharinado y cocine en el microondas a temperatura alta durante 12 minutos. Retire del horno, cubra con papel aluminio y deje enfriar durante 10 minutos, luego desmolde sobre una rejilla para terminar de enfriar.

Pan de Queso al Microondas

Rinde una hogaza de 450 g/1 lb

50 g/2 oz/¼ taza de mantequilla o margarina

250 ml/8 fl oz/1 taza de leche

2 huevos, ligeramente batidos

225 g/8 oz/2 tazas de harina normal (para todo uso)

10 ml/2 cucharaditas de levadura en polvo

10 ml/2 cucharaditas de mostaza en polvo

2,5 ml/½ cucharadita de sal

175 g/6 oz/1½ tazas de queso Cheddar, rallado

Derrita la mantequilla o la margarina en un tazón pequeño a temperatura alta durante 1 minuto. Agregue la leche y los huevos. Mezcle la harina, el polvo de hornear, la mostaza, la sal y 100 g/4 oz/1 taza de queso. Agregue la mezcla de leche hasta que esté bien mezclado. Vierta en un molde de pan para microondas (sartén) y cocine en el microondas a temperatura alta durante 9 minutos. Espolvorear con el queso restante, cubrir con papel aluminio y dejar reposar durante 20 minutos.

Pan de Nuez al Microondas

Rinde una hogaza de 450 g/1 lb

225 g/8 oz/2 tazas de harina normal (para todo uso)

300 g/10 oz/1¼ tazas de azúcar en polvo (superfina)

5 ml/1 cucharadita de levadura en polvo

Una pizca de sal

100 g/4 oz/½ taza de mantequilla o margarina, blanda

150 ml/¼ pt/2/3 taza de leche

2,5 ml/½ cucharadita de esencia de vainilla (extracto)

4 claras de huevo

50 g/2 oz/½ taza de nueces picadas

Mezclar la harina, el azúcar, el polvo de hornear y la sal. Agregue la mantequilla o margarina, luego la leche y la esencia de vainilla. Batir las claras de huevo hasta que estén cremosas, luego incorporar las nueces. Vierta en un molde para microondas de 450 g/1 lb engrasado y enharinado y cocine en el microondas a temperatura alta durante 12 minutos. Retire del horno, cubra con papel aluminio y deje enfriar durante 10 minutos, luego desmolde sobre una rejilla para terminar de enfriar.

Tarta de Amaretti sin horno

Hace un pastel de 20 cm/8 pulgadas

100 g/4 oz/½ taza de mantequilla o margarina

175 g/6 oz/1½ tazas de chocolate natural (semidulce)

75 g/3 oz de galletas Amaretti (galletas), trituradas en trozos grandes

175 g/6 oz/1½ tazas de nueces picadas

50 g/2 oz/½ taza de piñones

75 g/3 oz/1/3 taza de cerezas glaseadas (confitadas), picadas

30 ml/2 cucharadas de Grand Marnier

225 g/8 oz/1 taza de queso mascarpone

Derrita la mantequilla o la margarina y el chocolate en un recipiente resistente al calor colocado sobre una cacerola con agua hirviendo a fuego lento. Retire del fuego y agregue las galletas, las nueces y las cerezas. Vierta en una lata de sándwich (sartén) forrada con film transparente (envoltura de plástico) y presione hacia abajo suavemente. Enfriar durante 1 hora hasta que cuaje. Poner en un plato de servir y retirar el film transparente. Bate el Grand Marnier en el Mascarpone y vierte sobre la base.

Barritas de Arroz Americano Crujiente

Rinde alrededor de 24 barras.

50 g/2 oz/¼ taza de mantequilla o margarina

225 g/8 oz de malvaviscos blancos

5 ml/1 cucharadita esencia de vainilla (extracto)

150 g/5 oz/5 tazas de cereal de arroz inflado

Derrita la mantequilla o la margarina en una sartén grande a fuego lento. Agregue los malvaviscos y cocine, revolviendo continuamente, hasta que los malvaviscos se hayan derretido y la mezcla tenga una consistencia de jarabe. Retire del fuego y agregue la esencia de vainilla. Agregue el cereal de arroz hasta que esté uniformemente cubierto. Presione en una lata cuadrada de 23 cm/9 pulgadas y córtela en barras. Dejar reposar.

Cuadrados de albaricoque

hace 12

50 g/2 oz/¼ taza de mantequilla o margarina

175 g/6 oz/1 lata pequeña de leche evaporada

15 ml/1 cucharada de miel clara

45 ml/3 cucharadas de jugo de manzana

50 g/2 oz/¼ taza de azúcar morena suave

50 g/2 oz/1/3 taza de sultanas (pasas doradas)

225 g/8 oz/11/3 tazas de albaricoques secos listos para comer, picados

100 g/4 oz/1 taza de coco deshidratado (rallado)

225 g/8 oz/2 tazas de copos de avena

Derrita la mantequilla o margarina con la leche, la miel, el jugo de manzana y el azúcar. Remueva con los ingredientes restantes. Presione en un molde para hornear engrasado de 25 cm / 12 y enfríe antes de cortar en cuadrados.

Pastel de rollo suizo de albaricoque

Hace un pastel de 23 cm/9 pulgadas

400 g/14 oz/1 lata grande de mitades de albaricoque, escurridas y con el jugo reservado

50 g/2 oz/½ taza de natillas en polvo

75 g/3 oz/¼ taza de gelatina de albaricoque (conserva transparente)

75 g/3 oz/½ taza de albaricoques secos listos para comer, picados

400 g/14 oz/1 lata grande de leche condensada

225 g/8 oz/1 taza de requesón

45 ml/3 cucharadas de jugo de limón

1 rollo suizo, en rodajas

Prepare el jugo de albaricoque con agua para hacer 500 ml/17 fl oz/2¼ tazas. Mezcle el polvo de natillas hasta obtener una pasta con un poco del líquido, luego hierva el resto. Agregue la crema pastelera y la jalea de albaricoque y cocine a fuego lento hasta que espese y brille, revolviendo continuamente. Triture los albaricoques enlatados y agréguelos a la mezcla con los albaricoques secos. Dejar enfriar removiendo de vez en cuando.

Bate la leche condensada, el requesón y el jugo de limón hasta que estén bien mezclados, luego revuélvelos en la mezcla de gelatina. Cubra un molde para pastel de 23 cm/9 pulgadas con film transparente (envoltura de plástico) y coloque las rebanadas de rollo suizo (gelatina) sobre la base y los lados del molde. Vierta la mezcla de pastel y enfríe hasta que cuaje. Desmolde con cuidado cuando esté listo para servir.

Tortas De Galletas Rotas

hace 12

100 g/4 oz/½ taza de mantequilla o margarina

30 ml/2 cucharadas de azúcar glas (superfina)

15 ml/1 cucharada de jarabe dorado (maíz claro)

30 ml/2 cucharadas de cacao (chocolate sin azúcar) en polvo

225 g/8 oz/2 tazas de migas de bizcocho (galleta) partidas

50 g/2 oz/1/3 taza de sultanas (pasas doradas)

Derretir la mantequilla o margarina con el azúcar y el almíbar sin dejar hervir la mezcla. Agregue el cacao, las galletas y las sultanas. Presione en un molde para hornear de 25 cm / 10 engrasado (bandeja), deje enfriar, luego enfríe hasta que esté firme. Cortar en cuadrados.

Pastel de suero de leche sin hornear

Hace un pastel de 23 cm/9 pulgadas

30 ml/2 cucharadas de natillas en polvo

100 g/4 oz/½ taza de azúcar en polvo (superfina)

450 ml/¾ pt/2 tazas de leche

175 ml/6 fl oz/¾ taza de suero de leche

25 g/1 oz/2 cucharadas de mantequilla o margarina

400 g/12 oz de galletas simples (cookies), trituradas

120 ml/4 fl oz/½ taza de crema para batir

Mezcle la crema pastelera y el azúcar hasta obtener una pasta con un poco de leche. Llevar la leche restante a ebullición. Revuélvelo en la pasta, luego devuelve toda la mezcla a la sartén y revuelve a fuego lento durante unos 5 minutos hasta que espese. Agregue el suero de leche y la mantequilla o margarina. Con una cuchara, coloque capas de galletas trituradas y la mezcla de natillas en un molde para pastel de 23 cm/9 pulgadas forrado con film transparente (envoltura de plástico) o en un plato de vidrio. Presione hacia abajo suavemente y enfríe hasta que cuaje. Batir la crema hasta que esté firme, luego colocar rosetas de crema en la parte superior del pastel. Sirva del plato o levántelo con cuidado para servir.

rodaja de castaña

Rinde una hogaza de 900 g/2 lb

225 g/8 oz/2 tazas de chocolate natural (semidulce)

100 g/4 oz/½ taza de mantequilla o margarina, blanda

100 g/4 oz/½ taza de azúcar en polvo (superfina)

450 g/1 lb/1 lata grande de puré de castañas sin azúcar

25 g/1 oz/¼ taza de harina de arroz

Unas gotas de esencia de vainilla (extracto)

150 ml/¼ pt/2/3 taza de crema para batir, batida

Chocolate rallado para decorar

Derrita el chocolate natural en un recipiente resistente al calor sobre una cacerola con agua hirviendo a fuego lento. Batir la mantequilla o margarina y el azúcar hasta que quede suave y esponjoso. Incorporar el puré de castañas, el chocolate, la harina de arroz y la esencia de vainilla. Convierta en un molde para pan de 900 g/2 lb engrasado y forrado y enfríe hasta que esté firme. Decora con crema batida y chocolate rallado antes de servir.

Bizcocho De Castañas

Rinde un pastel de 900 g/2 lb

Para el pastel:

400 g/14 oz/1 lata grande de puré de castañas endulzado

100 g/4 oz/½ taza de mantequilla o margarina, blanda

1 huevo

Unas gotas de esencia de vainilla (extracto)

30 ml/2 cucharadas de brandy

24 bizcochos de bizcocho (cookies)

Para el glaseado:

30 ml/2 cucharadas de cacao (chocolate sin azúcar) en polvo

15 ml/1 cucharada de azúcar en polvo (superfina)

30 ml/2 cucharadas de agua

Para la crema de mantequilla:

100 g/4 oz/½ taza de mantequilla o margarina, blanda

100 g/4 oz/2/3 taza de azúcar glas (glaseado), tamizada

15 ml/1 cucharada de esencia de café (extracto)

Para hacer el pastel, mezcle el puré de castañas, la mantequilla o margarina, el huevo, la esencia de vainilla y 15 ml/1 cucharada de brandy y bata hasta que quede suave. Engrasar y forrar un molde para pan de 900 g/2 lb y forrar la base y los lados con los dedos de bizcocho. Espolvorea el brandy restante sobre las galletas y vierte la mezcla de castañas en el centro. Enfriar hasta que esté firme.

Sacar de la lata y quitar el papel de revestimiento. Disuelva los ingredientes del glaseado en un recipiente resistente al calor colocado sobre una cacerola con agua hirviendo a fuego lento, revolviendo hasta que quede suave. Deje que se enfríe un poco, luego cepille la mayor parte del glaseado sobre la parte superior del pastel. Batir los ingredientes de la crema de mantequilla hasta que quede suave, luego formar remolinos alrededor del borde del pastel. Rocíe con el glaseado reservado para terminar.

Barritas de Chocolate y Almendras

hace 12

175 g/6 oz/1½ tazas de chocolate natural (semidulce), picado

3 huevos, separados

120 ml/4 fl oz/½ taza de leche

10 ml/2 cucharaditas de gelatina en polvo

120 ml/4 fl oz/½ taza de crema doble (pesada)

45 ml/3 cucharadas de azúcar en polvo (superfino)

60 ml/4 cucharadas de almendras en copos (en rodajas), tostadas

Derrita el chocolate en un recipiente resistente al calor colocado sobre una cacerola con agua hirviendo a fuego lento. Retirar del fuego y batir las yemas de huevo. Hervir la leche en una cacerola separada, luego batir la gelatina. Revuelva en la mezcla de chocolate, luego agregue la crema. Batir las claras de huevo hasta que estén firmes, luego agregar el azúcar y batir nuevamente hasta que estén firmes y brillantes. Incorporar a la mezcla. Vierta en un molde para pan de 450 g / 1 lb engrasado y forrado, espolvoree con las almendras tostadas y deje enfriar, luego enfríe durante al menos 3 horas hasta que cuaje. Dar la vuelta y cortar en rodajas gruesas para servir.

Pastel De Chocolate Crujiente

Rinde una hogaza de 450 g/1 lb

    150 g/5 oz/2/3 taza de mantequilla o margarina

30 ml/2 cucharadas de jarabe dorado (maíz claro)

175 g/6 oz/1½ tazas de migas de galleta digestiva (galleta Graham)

50 g/2 oz/2 tazas de cereal de arroz inflado

25 g/1 oz/3 cucharadas sultanas (pasas doradas)

25 g/1 oz/2 cucharadas de cerezas glaseadas (confitadas), picadas

225 g/8 oz/2 tazas de chispas de chocolate

30 ml/2 cucharadas de agua

175 g/6 oz/1 taza de azúcar glas, tamizada

Derrita 100 g/4 oz/½ taza de mantequilla o margarina con el almíbar, luego retire del fuego y agregue las migas de galleta, el cereal, las sultanas, las cerezas y las tres cuartas partes de las chispas de chocolate. Vierta en un molde para pan de 450 g/1 lb engrasado y forrado y alise la parte superior. Enfriar hasta que esté firme. Derrita la mantequilla o margarina restante con el chocolate restante y el agua. Agregue el azúcar glas y mezcle hasta que quede suave. Retire el bizcocho del molde y córtelo por la mitad a lo largo. Haga un sándwich con la mitad del glaseado de chocolate (glaseado), colóquelo en un plato para servir y luego vierta sobre el glaseado restante. Enfriar antes de servir.

Cuadrados de migas de chocolate

Hace alrededor de 24

225 g/8 oz de galletas digestivas (galletas Graham)

100 g/4 oz/½ taza de mantequilla o margarina

25 g/1 oz/2 cucharadas de azúcar en polvo (superfina)

15 ml/1 cucharada de jarabe dorado (maíz claro)

45 ml/3 cucharadas de cacao (chocolate sin azúcar) en polvo

200 g/7 oz/1¾ tazas cobertura de pastel de chocolate

Coloca las galletas en una bolsa de plástico y tritúralas con un rodillo. Derrita la mantequilla o la margarina en una sartén, luego agregue el azúcar y el almíbar. Retire del fuego y agregue las migas de galleta y el cacao. Convierta en un molde cuadrado para pasteles de 18 cm / 7 engrasado y forrado y presione hacia abajo de manera uniforme. Deje enfriar, luego enfríe en la nevera hasta que cuaje.

Derrita el chocolate en un recipiente resistente al calor colocado sobre una cacerola con agua hirviendo a fuego lento. Extender sobre la galleta, marcando líneas con un tenedor mientras se asienta. Cortar en cuadrados cuando esté firme.

Torta De Chocolate Frigorífico

Rinde un pastel de 450 g/1 lb

100 g/4 oz/½ taza de azúcar morena blanda

100 g/4 oz/½ taza de mantequilla o margarina

50 g/2 oz/½ taza de chocolate en polvo para beber

25 g/1 oz/¼ taza de cacao (chocolate sin azúcar) en polvo

30 ml/2 cucharadas de jarabe dorado (maíz claro)

150 g/5 oz de galletas digestivas (galletas Graham) o ricas galletas de té

50 g/2 oz/¼ taza de cerezas glaseadas (confitadas) o mezcla de nueces y pasas

100 g/4 oz/1 taza de chocolate con leche

En una cacerola colocar el azúcar, la mantequilla o la margarina, el chocolate para beber, el cacao y el almíbar y calentar suavemente hasta que la mantequilla se haya derretido, removiendo bien. Retirar del fuego y desmenuzar en las galletas. Agregue las cerezas o las nueces y las pasas y vierta con una cuchara en un molde para pan de 450 g/1 lb. Dejar en la nevera para que se enfríe.

Derrita el chocolate en un recipiente resistente al calor sobre una cacerola con agua hirviendo a fuego lento. Extienda sobre la parte superior del pastel enfriado y córtelo cuando esté listo.

Pastel de chocolate y frutas

Hace un pastel de 18 cm/7 pulgadas

100 g/4 oz/½ taza de mantequilla o margarina, derretida

100 g/4 oz/½ taza de azúcar morena blanda

225 g/8 oz/2 tazas de migas de galleta digestiva (galleta Graham)

50 g/2 oz/1/3 taza de sultanas (pasas doradas)

45 ml/3 cucharadas de cacao (chocolate sin azúcar) en polvo

1 huevo batido

Unas gotas de esencia de vainilla (extracto)

Mezcle la mantequilla o margarina y el azúcar, luego agregue los ingredientes restantes y bata bien. Vierta en un molde para sándwich (sartén) engrasado de 18 cm/7 pulgadas y alise la superficie. Enfriar hasta que cuaje.

Cuadritos de chocolate y jengibre

Hace 24

100 g/4 oz/½ taza de mantequilla o margarina

100 g/4 oz/½ taza de azúcar morena blanda

30 ml/2 cucharadas de cacao (chocolate sin azúcar) en polvo

1 huevo, ligeramente batido

225 g/8 oz/2 tazas de migas de galleta de jengibre

15 ml/1 cucharada de jengibre cristalizado (confitado) picado

Derrita la mantequilla o la margarina, luego agregue el azúcar y el cacao hasta que estén bien mezclados. Mezcle el huevo, las migas de galleta y el jengibre. Presione en una lata de rollo suizo (bandeja de rollo de gelatina) y enfríe hasta que esté firme. Cortar en cuadrados.

Cuadritos de chocolate y jengibre de lujo

Hace 24

100 g/4 oz/½ taza de mantequilla o margarina

100 g/4 oz/½ taza de azúcar morena blanda

30 ml/2 cucharadas de cacao (chocolate sin azúcar) en polvo

1 huevo, ligeramente batido

225 g/8 oz/2 tazas de migas de galleta de jengibre

15 ml/1 cucharada de jengibre cristalizado (confitado) picado

100 g/4 oz/1 taza de chocolate natural (semidulce)

Derrita la mantequilla o la margarina, luego agregue el azúcar y el cacao hasta que estén bien mezclados. Mezcle el huevo, las migas de galleta y el jengibre. Presione en una lata de rollo suizo (bandeja de rollo de gelatina) y enfríe hasta que esté firme.

> Derrita el chocolate en un recipiente resistente al calor colocado sobre una cacerola con agua hirviendo a fuego lento. Extender sobre el bizcocho y dejar reposar. Cortar en cuadrados cuando el chocolate esté casi duro.

Galletas De Chocolate Con Miel

hace 12

225 g/8 oz/1 taza de mantequilla o margarina

30 ml/2 cucharadas de miel clara

90 ml/6 cucharadas de algarroba o cacao (chocolate sin azúcar) en polvo

225 g/8 oz/2 tazas de migas de galleta dulce

Derrita la mantequilla o margarina, la miel y la algarroba o el cacao en polvo en una sartén hasta que estén bien mezclados. Mezcle las migas de galleta. Vierta en un molde para pastel cuadrado de 20 cm / 8 engrasado (bandeja) y deje enfriar, luego córtelo en cuadrados.

Torta de chocolate en capas

Rinde un pastel de 450 g/1 lb

300 ml/½ pt/1¼ tazas de crema doble (pesada)

225 g/8 oz/2 tazas de chocolate natural (semidulce), partido

5 ml/1 cucharadita esencia de vainilla (extracto)

20 galletas simples (cookies)

Calentar la nata en una cacerola a fuego lento hasta que casi hierva. Retire del fuego y agregue el chocolate, revuelva, cubra y deje por 5 minutos. Agregue la esencia de vainilla y mezcle hasta que esté bien mezclado, luego enfríe hasta que la mezcla comience a espesar.

Cubra un molde para pan de 450 g / 1 lb (bandeja) con film transparente (envoltura de plástico). Extienda una capa de chocolate en el fondo, luego coloque algunas galletas en una capa encima. Continúe colocando capas de chocolate y galletas hasta que las haya agotado. Terminar con una capa de chocolate. Cubrir con film transparente y refrigerar durante al menos 3 horas. Desmoldar la tarta y quitar el film transparente.

Buenas barras de chocolate

hace 12

100 g/4 oz/½ taza de mantequilla o margarina

30 ml/2 cucharadas de jarabe dorado (maíz claro)

30 ml/2 cucharadas de cacao (chocolate sin azúcar) en polvo

225 g/8 oz/1 paquete de bizcochos bonitos o sencillos (cookies), triturados toscamente

100 g/4 oz/1 taza de chocolate natural (semidulce), cortado en cubitos

Derrita la mantequilla o margarina y el almíbar, luego retire del fuego y agregue el cacao y las galletas trituradas. Extienda la mezcla en un molde para pastel cuadrado de 23 cm/9 in y nivele la superficie. Derrita el chocolate en un recipiente resistente al calor sobre una cacerola con agua hirviendo a fuego lento y extiéndalo por encima. Deje enfriar un poco, luego corte en barras o cuadrados y enfríe hasta que cuaje.

Cuadritos De Praliné De Chocolate

hace 12

100 g/4 oz/½ taza de mantequilla o margarina

30 ml/2 cucharadas de azúcar glas (superfina)

15 ml/1 cucharada de jarabe dorado (maíz claro)

15 ml/1 cucharada de chocolate en polvo para beber

225 g/8 oz de galletas digestivas (galletas Graham), trituradas

200 g/7 oz/1¾ tazas de chocolate natural (semidulce)

100 g/4 oz/1 taza de nueces mixtas picadas

Derretir la mantequilla o margarina, el azúcar, el almíbar y el chocolate para beber en una sartén. Llevar a ebullición, luego hervir durante 40 segundos. Retire del fuego y agregue las galletas y las nueces. Presione en un molde para pastel (bandeja) engrasado de 28 x 18 cm/11 x 7 pulgadas. Derrita el chocolate en un recipiente resistente al calor sobre una cacerola con agua hirviendo a fuego lento. Extienda sobre las galletas y deje enfriar, luego enfríe durante 2 horas antes de cortar en cuadrados.

Crujientes De Coco

hace 12

100 g/4 oz/1 taza de chocolate natural (semidulce)

30 ml/2 cucharadas de leche

30 ml/2 cucharadas de jarabe dorado (maíz claro)

100 g/4 oz/4 tazas de cereal de arroz inflado

50 g/2 oz/½ taza de coco deshidratado (rallado)

Derretir el chocolate, la leche y el almíbar en una sartén. Retire del fuego y agregue el cereal y el coco. Vierta en moldes de papel para pasteles (papeles para magdalenas) y deje reposar.

Barras crujientes

hace 12

175 g/6 oz/¾ taza de mantequilla o margarina

50 g/2 oz/¼ taza de azúcar morena suave

30 ml/2 cucharadas de jarabe dorado (maíz claro)

45 ml/3 cucharadas de cacao (chocolate sin azúcar) en polvo

75 g/3 oz/½ taza de pasas o sultanas (pasas doradas)

350 g/12 oz/3 tazas de cereal crujiente de avena

225 g/8 oz/2 tazas de chocolate natural (semidulce)

Derretir la mantequilla o margarina con el azúcar, el almíbar y el cacao. Agregue las pasas o sultanas y el cereal. Presione la mezcla en un molde para hornear engrasado de 25 cm/12 pulgadas. Derrita el chocolate en un recipiente resistente al calor sobre una cacerola con agua hirviendo a fuego lento. Extienda sobre las barras y deje enfriar, luego enfríe antes de cortar en barras.

Crujientes de coco y pasas

hace 12

100 g/4 oz/1 taza de chocolate blanco

30 ml/2 cucharadas de leche

30 ml/2 cucharadas de jarabe dorado (maíz claro)

175 g/6 oz/6 tazas de cereal de arroz inflado

50 g/2 oz/1/3 taza de pasas

Derretir el chocolate, la leche y el almíbar en una sartén. Retire del fuego y agregue el cereal y las pasas. Vierta en moldes de papel para pasteles (papeles para magdalenas) y deje reposar.

Cuadritos de café con leche

Hace 20

25 g/1 oz/2 cucharadas de gelatina en polvo

75 ml/5 cucharadas de agua fría

225 g/8 oz/2 tazas de migas de bizcocho natural (galleta)

50 g/2 oz/¼ taza de mantequilla o margarina, derretida

400 g/14 oz/1 lata grande de leche evaporada

150 g/5 oz/2/3 taza de azúcar en polvo (superfina)

400 ml/14 fl oz/1¾ tazas de café negro fuerte, helado

Crema batida y rodajas de naranja confitada (confitada) para decorar

Espolvorear la gelatina sobre el agua en un bol y dejar hasta que quede esponjosa. Coloque el recipiente en una cacerola con agua caliente y déjelo hasta que se disuelva. Dejar enfriar un poco. Revuelva las migas de galleta en la mantequilla derretida y presione en la base y los lados de un molde para pastel rectangular engrasado de 30 x 20 cm/12 x 8 pulgadas. Batir la leche evaporada hasta que espese, luego batir gradualmente el azúcar, seguido de la gelatina disuelta y el café. Vierta sobre la base y enfríe hasta que cuaje. Cortar en cuadrados y decorar con nata montada y rodajas de naranja confitada.

Pastel de frutas sin horno

Hace un pastel de 23 cm/9 pulgadas

450 g/1 lb/22/3 tazas de mezcla de frutas secas (mezcla para pastel de frutas)

450 g/1 libra de galletas simples (cookies), trituradas

100 g/4 oz/½ taza de mantequilla o margarina, derretida

100 g/4 oz/½ taza de azúcar morena blanda

400 g/14 oz/1 lata grande de leche condensada

5 ml/1 cucharadita esencia de vainilla (extracto)

Mezcle todos los ingredientes hasta que estén bien mezclados. Con una cuchara, vierta en un molde para pastel engrasado de 23 cm / 9 pulgadas (bandeja) forrado con film transparente (envoltura de plástico) y presione hacia abajo. Enfriar hasta que esté firme.

Cuadrados Afrutados

Hace alrededor de 12

100 g/4 oz/½ taza de mantequilla o margarina

100 g/4 oz/½ taza de azúcar morena blanda

400 g/14 oz/1 lata grande de leche condensada

5 ml/1 cucharadita esencia de vainilla (extracto)

250 g/9 oz/1½ tazas de mezcla de frutas secas (mezcla para pastel de frutas)

100 g/4 oz/½ taza de cerezas glaseadas (confitadas)

50 g/2 oz/½ taza de nueces mixtas picadas

400 g/14 oz de galletas simples (cookies), trituradas

Derretir la mantequilla o margarina y el azúcar a fuego lento. Agregue la leche condensada y la esencia de vainilla y retire del fuego. Mezcle los ingredientes restantes. Presione en una lata de rollo suizo engrasada (bandeja de rollo de gelatina) y enfríe durante 24 horas hasta que esté firme. Cortar en cuadrados.

Crujidos de Frutas y Fibras

hace 12

100 g/4 oz/1 taza de chocolate natural (semidulce)

50 g/2 oz/¼ taza de mantequilla o margarina

15 ml/1 cucharada de jarabe dorado (maíz claro)

100 g/4 oz/1 taza de cereal de desayuno con frutas y fibra

Derrita el chocolate en un recipiente resistente al calor sobre una cacerola con agua hirviendo a fuego lento. Batir la mantequilla o margarina y el almíbar. Agregue el cereal. Vierta en moldes de papel para pasteles (papeles para magdalenas) y deje que se enfríe y cuaje.

Tarta De Capas De Turrón

Rinde un pastel de 900 g/2 lb

15 g/½ oz/1 cucharada de gelatina en polvo

100 ml/3½ fl oz/6½ cucharadas de agua

1 paquete de bizcochos

225 g/8 oz/1 taza de mantequilla o margarina, blanda

50 g/2 oz/¼ taza de azúcar en polvo (superfina)

400 g/14 oz/1 lata grande de leche condensada

5 ml/1 cucharadita de jugo de limón

5 ml/1 cucharadita esencia de vainilla (extracto)

5 ml/1 cucharadita de cremor tártaro

100 g/4 oz/2/3 taza de frutas mixtas secas (mezcla para pastel de frutas), picadas

Espolvoree la gelatina sobre el agua en un tazón pequeño, luego coloque el tazón en una cacerola con agua caliente hasta que la gelatina esté transparente. Enfriar un poco. Cubra un molde para pan de 900 g/2 lb (bandeja) con papel de aluminio de modo que el papel de aluminio cubra la parte superior del molde, luego coloque la mitad de los bizcochos sobre la base. Batir la mantequilla o la margarina y el azúcar hasta que quede cremoso, luego incorporar todos los ingredientes restantes. Vierta en el molde y coloque los bizcochos restantes encima. Cubrir con papel aluminio y poner un peso encima. Enfriar hasta que esté firme.

Cuadritos de leche y nuez moscada

Hace 20

Para la base:

225 g/8 oz/2 tazas de migas de bizcocho natural (galleta)

30 ml/2 cucharadas de azúcar moreno suave

2,5 ml/½ cucharadita de nuez moscada rallada

100 g/4 oz/½ taza de mantequilla o margarina, derretida

Para el llenado:

1,2 litros/2 pts/5 tazas de leche

25 g/1 oz/2 cucharadas de mantequilla o margarina

2 huevos, separados

225 g/8 oz/1 taza de azúcar en polvo (superfina)

100 g/4 oz/1 taza de harina de maíz (fécula de maíz)

50 g/2 oz/½ taza de harina normal (para todo uso)

5 ml/1 cucharadita de levadura en polvo

Una pizca de nuez moscada rallada

nuez moscada rallada para espolvorear

Para hacer la base, mezcle las migas de galleta, el azúcar y la nuez moscada en la mantequilla o margarina derretida y presione en la base de un molde para pastel engrasado de 30 x 20 cm/12 x 8 pulgadas.

Para hacer el relleno, ponga a hervir 1 litro/ 1¾ pts/4¼ tazas de leche en una cacerola grande. Añadir la mantequilla o margarina. Batir las yemas de huevo con la leche restante. Mezcle el azúcar, la harina de maíz, la harina, el polvo de hornear y la nuez moscada. Batir un poco de la leche hirviendo en la mezcla de yema de huevo hasta que se mezcle hasta formar una pasta, luego mezclar la pasta con la leche hirviendo, revolviendo continuamente a fuego lento durante unos minutos hasta que espese. Retire del fuego. Bate las claras de huevo hasta que estén firmes, luego incorpóralas a la mezcla. Vierta sobre la base y espolvoree generosamente con nuez moscada. Dejar enfriar, luego enfriar y cortar en cuadrados antes de servir.

Crujiente de muesli

Hace alrededor de 16 cuadrados

400 g/14 oz/3½ tazas de chocolate natural (semidulce)

45 ml/3 cucharadas de jarabe dorado (maíz claro)

25 g/1 oz/2 cucharadas de mantequilla o margarina

Aproximadamente 225 g/8 oz/2/3 taza de muesli

Derrita la mitad del chocolate, el almíbar y la mantequilla o margarina. Poco a poco agregue suficiente muesli para hacer una mezcla espesa. Presione en una lata de rollo suizo engrasada (bandeja de rollo de gelatina). Derretir el chocolate restante y alisar por encima. Enfriar en la nevera antes de cortar en cuadrados.

Cuadritos De Mousse De Naranja

Hace 20

25 g/1 oz/2 cucharadas de gelatina en polvo

75 ml/5 cucharadas de agua fría

225 g/8 oz/2 tazas de migas de bizcocho natural (galleta)

50 g/2 oz/¼ taza de mantequilla o margarina, derretida

400 g/14 oz/1 lata grande de leche evaporada

150 g/5 oz/2/3 taza de azúcar en polvo (superfina)

400 ml/14 fl oz/1¾ tazas de jugo de naranja

Dulces de crema batida y chocolate para decorar

Espolvorear la gelatina sobre el agua en un bol y dejar hasta que quede esponjosa. Coloque el recipiente en una cacerola con agua caliente y déjelo hasta que se disuelva. Dejar enfriar un poco. Revuelva las migas de galleta en la mantequilla derretida y presione sobre la base y los lados de un molde para pastel poco profundo de 30 x 20 cm/12 x 8 engrasado. Batir la leche hasta que espese, luego batir gradualmente el azúcar, seguido de la gelatina disuelta y el jugo de naranja. Vierta sobre la base y enfríe hasta que cuaje. Cortar en cuadrados y decorar con nata montada y bombones de chocolate.

Cuadrados de maní

hace 18

225 g/8 oz/2 tazas de migas de bizcocho natural (galleta)

100 g/4 oz/½ taza de mantequilla o margarina, derretida

225 g/8 oz/1 taza de mantequilla de maní crujiente

25 g/1 oz/2 cucharadas de cerezas glaseadas (confitadas)

25 g/1 oz/3 cucharadas de grosellas

Mezcle todos los ingredientes hasta que estén bien mezclados. Presione en un molde para hornear engrasado de 25 cm / 12 y enfríe hasta que esté firme, luego córtelo en cuadrados.

Pasteles De Caramelo De Menta

Hace 16

400 g/14 oz/1 lata grande de leche condensada

600 ml/1 pt/2½ tazas de leche

30 ml/2 cucharadas de natillas en polvo

225 g/8 oz/2 tazas de migas de galleta digestiva (galleta Graham)

100 g/4 oz/1 taza de chocolate con menta, partido en trozos

Coloque la lata de leche condensada sin abrir en una cacerola llena con suficiente agua para cubrir la lata. Lleve a ebullición, cubra y cocine a fuego lento durante 3 horas, completando con agua hirviendo según sea necesario. Dejar enfriar, luego abrir la lata y retirar el caramelo.

Caliente 500 ml/17 fl oz/2¼ tazas de la leche con el caramelo, hierva y revuelva hasta que se derrita. Mezcle el flan en polvo hasta obtener una pasta con la leche restante, luego revuélvalo en la sartén y continúe cocinando a fuego lento hasta que espese, revolviendo continuamente. Espolvorea la mitad de las migas de galleta sobre la base de un molde para pasteles cuadrado de 20 cm/8 pulgadas engrasado, luego vierte la mitad de la crema pastelera encima y espolvorea con la mitad del chocolate. Repita las capas, luego deje enfriar. Enfriar, luego cortar en porciones para servir.

Galletas de Arroz

Hace 24

175 g/6 oz/½ taza de miel clara

225 g/8 oz/1 taza de azúcar granulada

60 ml/4 cucharadas de agua

350 g/12 oz/1 caja de cereal de arroz inflado

100 g/4 oz/1 taza de maní tostado

Derrita la miel, el azúcar y el agua en una cacerola grande, luego deje enfriar durante 5 minutos. Agregue el cereal y los cacahuates. Enrolle en bolas, colóquelas en moldes de papel para pasteles (papeles para magdalenas) y déjelas hasta que se enfríen y se asienten.

Tofette de Arroz y Chocolate

Rinde 225 g/8 oz

50 g/2 oz/¼ taza de mantequilla o margarina

30 ml/2 cucharadas de jarabe dorado (maíz claro)

30 ml/2 cucharadas de cacao (chocolate sin azúcar) en polvo

60 ml/4 cucharadas de azúcar en polvo (superfino)

50 g/2 oz/½ taza de arroz molido

Derretir la mantequilla y el almíbar. Agregue el cacao y el azúcar hasta que se disuelva, luego agregue el arroz molido. Lleve suavemente a ebullición, reduzca el fuego y cocine a fuego lento durante 5 minutos, revolviendo continuamente. Verter en un molde cuadrado de 20 cm/8 in engrasado y forrado y dejar enfriar un poco. Cortar en cuadrados, luego dejar enfriar completamente antes de sacar de la lata.

Pasta de almendra

Cubre la parte superior y los lados de un pastel de 23 cm/9 pulgadas

225 g/8 oz/2 tazas de almendras molidas

225 g/8 oz/11/3 tazas de azúcar glas (glaseado), tamizada

225 g/8 oz/1 taza de azúcar en polvo (superfina)

2 huevos, ligeramente batidos

10 ml/2 cucharaditas de jugo de limón

Unas gotas de esencia de almendras (extracto)

Batir las almendras y los azúcares. Mezcle gradualmente los ingredientes restantes hasta obtener una pasta suave. Envolver en film transparente (envoltura de plástico) y enfriar antes de usar.

Pasta de almendras sin azúcar

Cubre la parte superior y los lados de un pastel de 15 cm/6 pulgadas

100 g/4 oz/1 taza de almendras molidas

50 g/2 oz/½ taza de fructosa

25 g/1 oz/¼ taza de harina de maíz (fécula de maíz)

1 huevo, ligeramente batido

Licúa todos los ingredientes hasta obtener una pasta suave. Envolver en film transparente (envoltura de plástico) y enfriar antes de usar.

glaseado real

Cubre la parte superior y los lados de un pastel de 20 cm/8 pulgadas

5 ml/1 cucharadita de jugo de limón

2 claras de huevo

450 g/1 lb/22/3 tazas de azúcar glas, tamizada

5 ml/1 cucharadita de glicerina (opcional)

Mezcle el jugo de limón y las claras de huevo y agregue gradualmente el azúcar glas hasta que el glaseado (glaseado) esté suave y blanco y cubra el dorso de una cuchara. Unas gotas de glicerina evitarán que el glaseado se vuelva demasiado quebradizo. Cubra con un paño húmedo y deje reposar durante 20 minutos para permitir que las burbujas de aire suban a la superficie.

El glaseado de esta consistencia se puede verter sobre el pastel y alisar con un cuchillo mojado en agua caliente. Para la tubería, mezcle azúcar glasé adicional para que el glaseado esté lo suficientemente rígido como para pararse en picos.

Glaseado sin azúcar

Hace suficiente para cubrir un pastel de 15 cm/6 pulgadas

50 g/2 oz/½ taza de fructosa

Una pizca de sal

1 clara de huevo

2,5 ml/½ cucharadita de jugo de limón

Procese la fructosa en polvo en un procesador de alimentos hasta que quede tan fina como el azúcar glas. Mezcle la sal. Transfiera a un recipiente resistente al calor y bata la clara de huevo y el jugo de limón. Coloque el tazón sobre una cacerola con agua hirviendo a fuego lento y continúe batiendo hasta que se formen picos rígidos. Retire del fuego y bata hasta que se enfríe.

glaseado de fondant

Hace suficiente para cubrir un pastel de 20 cm/8 pulgadas

450 g/1 lb/2 tazas de azúcar en polvo (superfina) o en terrones

150 ml/¼ pt/2/3 taza de agua

15 ml/1 cucharada de glucosa líquida o 2,5 ml/½ cucharadita de crémor tártaro

Disuelva el azúcar en el agua en una cacerola grande de base gruesa a fuego lento. Limpie los lados de la sartén con un cepillo humedecido en agua fría para evitar que se formen cristales. Disuelva la crema de tártaro en un poco de agua, luego revuelva en la sartén. Lleve a ebullición y hierva constantemente a 115°C/242°F cuando una gota de glaseado forme una bola suave cuando se sumerge en agua fría. Vierta lentamente el jarabe en un recipiente resistente al calor y déjelo hasta que se forme una piel. Bate el glaseado con una cuchara de madera hasta que se vuelva opaco y firme. Amasar hasta que quede suave. Caliente en un recipiente resistente al calor sobre una cacerola con agua caliente para ablandar, si es necesario, antes de usar.

glaseado de mantequilla

Hace suficiente para llenar y cubrir un pastel de 20 cm/8 pulgadas

100 g/4 oz/½ taza de mantequilla o margarina, blanda

225 g/ 8 oz/11/3 tazas de azúcar glas (glaseado), tamizada

30 ml/2 cucharadas de leche

Batir la mantequilla o margarina hasta que esté suave. Batir poco a poco el azúcar glas y la leche hasta que estén bien mezclados.

Glaseado de mantequilla de chocolate

Hace suficiente para llenar y cubrir un pastel de 20 cm/8 pulgadas

30 ml/2 cucharadas de cacao (chocolate sin azúcar) en polvo

15 ml/1 cucharada de agua hirviendo

100 g/4 oz/½ taza de mantequilla o margarina, blanda

225 g/8 oz/11/3 tazas de azúcar glas (glaseado), tamizada

15 ml/1 cucharada de leche

Mezcle el cacao hasta obtener una pasta con el agua hirviendo, luego deje que se enfríe. Batir la mantequilla o margarina hasta que esté suave. Poco a poco agregue la mezcla de azúcar glas, leche y cacao hasta que esté bien mezclado.

Glaseado de mantequilla de chocolate blanco

Hace suficiente para llenar y cubrir un pastel de 20 cm/8 pulgadas

100 g/4 oz/1 taza de chocolate blanco

100 g/4 oz/½ taza de mantequilla o margarina, blanda

225 g/8 oz/11/3 tazas de azúcar glas (glaseado), tamizada

15 ml/1 cucharada de leche

Derrita el chocolate en un recipiente resistente al calor colocado sobre una cacerola con agua hirviendo a fuego lento, luego deje que se enfríe un poco. Batir la mantequilla o margarina hasta que esté blanda. Poco a poco agregue el azúcar glas, la leche y el chocolate hasta que estén bien mezclados.

Glaseado de mantequilla de café

Hace suficiente para llenar y cubrir un pastel de 20 cm/8 pulgadas

100 g/4 oz/½ taza de mantequilla o margarina, blanda

225 g/ 8 oz/11/3 tazas de azúcar glas (glaseado), tamizada

15 ml/1 cucharada de leche

15 ml/1 cucharada de esencia de café (extracto)

Batir la mantequilla o margarina hasta que esté blanda. Poco a poco agregue el azúcar glas, la leche y la esencia de café hasta que estén bien mezclados.

Glaseado de mantequilla de limón

Hace suficiente para llenar y cubrir un pastel de 20 cm/8 pulgadas

100 g/4 oz/½ taza de mantequilla o margarina, blanda

225 g/ 8 oz/11/3 tazas de azúcar glas (glaseado), tamizada

30 ml/2 cucharadas de jugo de limón

cáscara rallada de 1 limón

Batir la mantequilla o margarina hasta que esté blanda. Agregue gradualmente el azúcar glas, el jugo de limón y la cáscara hasta que estén bien mezclados.

Glaseado De Mantequilla De Naranja

Hace suficiente para llenar y cubrir un pastel de 20 cm/8 pulgadas

100 g/4 oz/½ taza de mantequilla o margarina, blanda

225 g/ 8 oz/11/3 tazas de azúcar glas (glaseado), tamizada

30 ml/2 cucharadas de jugo de naranja

cáscara rallada de 1 naranja

Batir la mantequilla o margarina hasta que esté suave. Agregue gradualmente el azúcar glas, el jugo de naranja y la cáscara hasta que estén bien mezclados.

Glaseado de Queso Crema

Hace suficiente para cubrir un pastel de 25 cm/9 pulgadas

75 g/3 oz/1/3 taza de queso crema

30 ml/2 cucharadas de mantequilla o margarina

350 g/12 oz/2 tazas de azúcar glas (glaseado), tamizada

5 ml/1 cucharadita esencia de vainilla (extracto)

Bate el queso y la mantequilla o margarina hasta que quede suave y esponjoso. Poco a poco agregue el azúcar glas y la esencia de vainilla hasta obtener un glaseado suave y cremoso.

glaseado de naranja

Hace suficiente para cubrir un pastel de 25 cm/9 pulgadas

250 g/9 oz/1½ tazas de azúcar glas, tamizada

30 ml/2 cucharadas de mantequilla o margarina, blanda

Unas gotas de esencia de almendras (extracto)

60 ml/4 cucharadas de jugo de naranja

En un bol colocar el azúcar glas y mezclar con la mantequilla o margarina y la esencia de almendras. Poco a poco mezcle suficiente jugo de naranja para hacer una formación de hielo dura.

Cobertura de Licor de Naranja

Hace suficiente para cubrir un pastel de 20 cm/8 pulgadas

100 g/4 oz/½ taza de mantequilla o margarina, blanda

450 g/1 lb/22/3 tazas de azúcar glas, tamizada

60 ml/4 cucharadas de licor de naranja

15 ml/1 cucharada de piel de naranja rallada

Bate la mantequilla o la margarina y el azúcar hasta que quede suave y esponjosa. Agregue suficiente licor de naranja para darle una consistencia untable, luego agregue la cáscara de naranja.

Galletas De Avena Y Pasas

Hace 20

175 g/6 oz/¾ taza de harina normal (para todo uso)

150 g/5 oz/1¼ tazas de copos de avena

5 ml/1 cucharadita de jengibre molido

2,5 ml/½ cucharadita de levadura en polvo

2,5 ml/½ cucharadita de bicarbonato de sodio (bicarbonato de sodio)

100 g/4 oz/½ taza de azúcar morena blanda

50 g/2 oz/1/3 taza de pasas

1 huevo, ligeramente batido

150 ml/¼ pt/2/3 taza de aceite

60 ml/4 cucharadas de leche

Mezclar los ingredientes secos, incorporar las pasas y hacer un hueco en el centro. Agregue el huevo, el aceite y la leche y mezcle hasta obtener una masa suave. Coloque cucharadas de la mezcla en una bandeja para hornear (galletas) sin engrasar y aplánelas ligeramente con un tenedor. Hornee en un horno precalentado a 200°C/400°F/gas marca 6 durante 10 minutos hasta que estén doradas.

Galletas De Avena Con Especias

Hace 30

100 g/4 oz/½ taza de mantequilla o margarina, blanda

100 g/4 oz/½ taza de azúcar morena blanda

100 g/4 oz/½ taza de azúcar en polvo (superfina)

1 huevo

2,5 ml/½ cucharadita de esencia de vainilla (extracto)

100 g/4 oz/1 taza de harina normal (para todo uso)

2,5 ml/½ cucharadita de bicarbonato de sodio (bicarbonato de sodio)

Una pizca de sal

5 ml/1 cucharadita de canela molida

Una pizca de nuez moscada rallada

100 g/4 oz/1 taza de copos de avena

50 g/2 oz/½ taza de nueces mixtas picadas

50 g/2 oz/½ taza de chispas de chocolate

Batir la mantequilla o margarina y los azúcares hasta que quede suave y esponjosa. Incorporar poco a poco el huevo y la esencia de vainilla. Mezclar la harina, el bicarbonato de sodio, la sal y las especias y añadir a la mezcla. Agregue la avena, las nueces y las chispas de chocolate. Vierta cucharaditas redondeadas en una bandeja para hornear (galletas) engrasada y hornee los bizcochos (galletas) en un horno precalentado a 180 °C/350 °F/nivel de gas 4 durante 10 minutos hasta que estén ligeramente dorados.

Galletas Integrales De Avena

Hace 24

100 g/4 oz/½ taza de mantequilla o margarina

200 g/7 oz/1¾ tazas de avena

75 g/3 oz/¾ taza de harina integral (integral)

50 g/2 oz/½ taza de harina normal (para todo uso)

5 ml/1 cucharadita de levadura en polvo

50 g/2 oz/¼ taza de azúcar demerara

1 huevo, ligeramente batido

30 ml/2 cucharadas de leche

Frote la mantequilla o la margarina en la avena, las harinas y el polvo para hornear hasta que la mezcla parezca pan rallado. Agregue el azúcar, luego mezcle el huevo y la leche para hacer una masa firme. Extienda la masa sobre una superficie ligeramente enharinada hasta que tenga un grosor de aproximadamente 1 cm/½ in y córtela en círculos con un cortador de 5 cm/2 in. Coloque las galletas (galletas) en una bandeja para hornear (galletas) engrasada y hornee en un horno precalentado a 190°C/375°F/nivel de gas 5 durante unos 15 minutos hasta que estén doradas.

Galletas De Naranja

Hace 24

100 g/4 oz/½ taza de mantequilla o margarina, blanda

50 g/2 oz/¼ taza de azúcar en polvo (superfina)

cáscara rallada de 1 naranja

150 g/5 oz/1¼ tazas de harina leudante

Batir la mantequilla o margarina y el azúcar hasta que quede suave y esponjosa. Trabaje en la cáscara de naranja, luego mezcle la harina para hacer una mezcla espesa. Forme bolas grandes del tamaño de una nuez y colóquelas bien separadas en una bandeja para hornear (galletas) engrasada, luego presione ligeramente hacia abajo con un tenedor para aplanarlas. Hornea los bizcochos (galletas) en un horno precalentado a 180°C/350°F/nivel de gas 4 durante 15 minutos hasta que estén dorados.

Galletas de naranja y limón

Hace 30

50 g/2 oz/¼ taza de mantequilla o margarina, blanda

75 g/3 oz/1/3 taza de azúcar en polvo (superfina)

1 yema de huevo

Corteza rallada de ½ naranja

15 ml/1 cucharada de jugo de limón

150 g/5 oz/1¼ tazas de harina normal (para todo uso)

2,5 ml/½ cucharadita de levadura en polvo

Una pizca de sal

Batir la mantequilla o margarina y el azúcar hasta que quede suave y esponjoso. Mezcle gradualmente la yema de huevo, la cáscara de naranja y el jugo de limón, luego agregue la harina, el polvo de hornear y la sal para hacer una masa rígida. Envuelva y film transparente (envoltura de plástico) y enfríe durante 30 minutos.

Estirar sobre una superficie ligeramente enharinada a unos 5 mm/¼ de espesor y cortar en formas con un cortador de galletas. Coloque las galletas en una bandeja para hornear (galletas) engrasada y hornee en un horno precalentado a 190°C/375°F/nivel de gas 5 durante 10 minutos.

Galletas de naranja y nuez

Hace 16

100 g/4 oz/½ taza de mantequilla o margarina

75 g/3 oz/1/3 taza de azúcar en polvo (superfina)

Corteza rallada de ½ naranja

150 g/5 oz/1¼ tazas de harina leudante

50 g/2 oz/½ taza de nueces, molidas

Batir la mantequilla o margarina con 50 g/2 oz/¼ de taza de azúcar y la ralladura de naranja hasta que quede suave y cremosa. Agregue la harina y las nueces y vuelva a batir hasta que la mezcla comience a mantenerse unida. Forme bolas y aplánelas sobre una bandeja para hornear (galletas) engrasada. Hornea los bizcochos (galletas) en un horno precalentado a 190 °C/375 °F/nivel de gas 5 durante 10 minutos hasta que se doren por los bordes. Espolvorear con el azúcar reservado y dejar enfriar un poco antes de transferir a una rejilla para que se enfríe.

Galletas de naranja y chispas de chocolate

Hace 30

50 g/2 oz/¼ taza de mantequilla o margarina, blanda

75 g/3 oz/1/3 taza de manteca (manteca vegetal)

175 g/6 oz/¾ taza de azúcar morena suave

100 g/7 oz/1¾ tazas de harina integral (integral)

75 g/3 oz/¾ taza de almendras molidas

10 ml/2 cucharaditas de levadura en polvo

75 g/3 oz/¾ taza de gotas de chocolate

Corteza rallada de 2 naranjas

15 ml/1 cucharada de jugo de naranja

1 huevo

Azúcar glas (superfina) para espolvorear

Batir la mantequilla o margarina, la manteca de cerdo y el azúcar moreno hasta que quede suave y esponjoso. Agregue los ingredientes restantes excepto el azúcar en polvo y mezcle hasta obtener una masa. Estirar sobre una superficie enharinada a 5 mm/¼ de espesor y cortar en bizcochos con un cortador de galletas. Colóquelos en una bandeja para hornear (galletas) engrasada y hornee en un horno precalentado a 180 °C/350 °F/nivel de gas 4 durante 20 minutos hasta que estén dorados.

Galletas de naranja con especias

Hace 10

225 g/8 oz/2 tazas de harina normal (para todo uso)

2,5 ml/½ cucharadita de canela molida

Una pizca de especias mixtas (pastel de manzana)

75 g/3 oz/1/3 taza de azúcar en polvo (superfina)

150 g/5 oz/2/3 taza de mantequilla o margarina, blanda

2 yemas de huevo

cáscara rallada de 1 naranja

75 g/3 oz/¾ taza de chocolate natural (semidulce)

Mezcle la harina y las especias, luego agregue el azúcar. Agregue la mantequilla o margarina, las yemas de huevo y la cáscara de naranja y mezcle hasta obtener una masa suave. Envuélvalo en papel film (envoltura de plástico) y déjelo enfriar durante 1 hora.

Vierta la masa en una manga pastelera equipada con una boquilla de estrella grande (punta) y tubos largos en una bandeja para hornear (galletas) engrasada. Hornee en un horno precalentado a 190°C/375°F/gas marca 5 durante 10 minutos hasta que estén doradas. Dejar enfriar.

Derrita el chocolate en un recipiente resistente al calor colocado sobre una cacerola con agua hirviendo a fuego lento. Sumerja los extremos de las galletas en el chocolate derretido y déjelo en una hoja de papel para hornear hasta que cuaje.

Galletas de mantequilla de maní

hace 18

100 g/4 oz/½ taza de mantequilla o margarina, blanda

100 g/4 oz/½ taza de azúcar en polvo (superfina)

100 g/4 oz/½ taza de mantequilla de maní crujiente o suave

60 ml/4 cucharadas de jarabe dorado (maíz claro)

15 ml/1 cucharada de leche

175 g/6 oz/1½ tazas de harina normal (para todo uso)

2,5 ml/½ cucharadita de bicarbonato de sodio (bicarbonato de sodio)

Batir la mantequilla o margarina y el azúcar hasta que quede suave y esponjoso. Mezcle la mantequilla de maní, seguido del jarabe y la leche. Mezcle la harina y el bicarbonato de sodio y mezcle con la mezcla, luego amase hasta que quede suave. Formar un tronco y enfriar hasta que esté firme.

Cortar en rodajas de 5 mm/¼ de grosor y colocar en una bandeja para hornear (galletas) ligeramente engrasada. Hornea los bizcochos (galletas) en un horno precalentado a 180°C/350°F/nivel de gas 4 durante 12 minutos hasta que estén dorados.

Remolinos de mantequilla de maní y chocolate

Hace 24

50 g/2 oz/¼ taza de mantequilla o margarina, blanda

50 g/2 oz/¼ taza de azúcar morena suave

50 g/2 oz/¼ taza de azúcar en polvo (superfina)

50 g/2 oz/¼ taza de mantequilla de maní suave

1 yema de huevo

75 g/3 oz/¾ taza de harina normal (para todo uso)

2,5 ml/½ cucharadita de bicarbonato de sodio (bicarbonato de sodio)

50 g/2 oz/½ taza de chocolate natural (semidulce)

Batir la mantequilla o margarina y los azúcares hasta que quede suave y esponjosa. Mezcle gradualmente la mantequilla de maní, luego la yema de huevo. Mezcle la harina y el bicarbonato de sodio y bátalos en la mezcla para hacer una masa firme. Mientras tanto, derrita el chocolate en un recipiente resistente al calor colocado sobre una cacerola con agua hirviendo a fuego lento. Estirar la masa a 30 x 46 cm/12 x 18 pulgadas y untar con el chocolate derretido casi hasta los bordes. Enrolle desde el lado largo, envuélvalo en film transparente (envoltura de plástico) y enfríe hasta que esté firme.

Corte el rollo en rebanadas de 5 mm/¼ de pulgada y colóquelo en una bandeja para hornear (galletas) sin engrasar. Hornee en un horno precalentado a 180°C/350°F/marca de gas 4 durante 10 minutos hasta que estén doradas.

Galletas de mantequilla de maní con avena

Hace 24

75 g/3 oz/1/3 taza de mantequilla o margarina, blanda

75 g/3 oz/1/3 taza de mantequilla de maní

150 g/5 oz/2/3 taza de azúcar morena blanda

1 huevo

50 g/2 oz/½ taza de harina normal (para todo uso)

2,5 ml/½ cucharadita de levadura en polvo

Una pizca de sal

Unas gotas de esencia de vainilla (extracto)

75 g/3 oz/¾ taza de copos de avena

40 g/1½ oz/1/3 taza de chispas de chocolate

Batir la mantequilla o margarina, la mantequilla de maní y el azúcar hasta que esté suave y esponjosa. Poco a poco batir en el huevo. Agregue la harina, el polvo de hornear y la sal. Agregue la esencia de vainilla, la avena y las chispas de chocolate. Vierta cucharadas en una bandeja para hornear (galletas) engrasada y hornee los bizcochos (galletas) en un horno precalentado a 180 °C/350 °F/nivel de gas 4 durante 15 minutos.

Galletas de mantequilla de maní con miel y coco

Hace 24

120 ml/4 fl oz/½ taza de aceite

175 g/6 oz/½ taza de miel clara

175 g/6 oz/¾ taza de mantequilla de maní crujiente

1 huevo batido

100 g/4 oz/1 taza de copos de avena

225 g/8 oz/2 tazas de harina integral (integral)

50 g/2 oz/½ taza de coco deshidratado (rallado)

Mezcle el aceite, la miel, la mantequilla de maní y el huevo, luego agregue los ingredientes restantes. Deje caer cucharadas sobre una bandeja para hornear (galletas) engrasada y aplánelas ligeramente a unos 6 mm/¼ de espesor. Hornea los bizcochos (galletas) en un horno precalentado a 180°C/350°F/nivel de gas 4 durante 12 minutos hasta que estén dorados.

Galletas de nueces pecanas

Hace 24

100 g/4 oz/½ taza de mantequilla o margarina, blanda

45 ml/3 cucharadas de azúcar moreno suave

100 g/4 oz/1 taza de harina normal (para todo uso)

Una pizca de sal

5 ml/1 cucharadita esencia de vainilla (extracto)

100 g/4 oz/1 taza de nueces pecanas, finamente picadas

Azúcar glas (glaseado), tamizada, para espolvorear

Batir la mantequilla o margarina y el azúcar hasta que quede suave y esponjosa. Agregue gradualmente los ingredientes restantes, excepto el azúcar glas. Forme bolas de 3 cm/1½ in y colóquelas en una bandeja para hornear (galletas) engrasada. Hornea los bizcochos (galletas) en un horno precalentado a 160°C/325°F/nivel de gas 3 durante 15 minutos hasta que estén dorados. Servir espolvoreado con azúcar glas.

Galletas de molinete

Hace 24

175 g/6 oz/1½ tazas de harina normal (para todo uso)

5 ml/1 cucharadita de levadura en polvo

Una pizca de sal

75 g/3 oz/1/3 taza de mantequilla o margarina

75 g/3 oz/1/3 taza de azúcar en polvo (superfina)

Unas gotas de esencia de vainilla (extracto)

20 ml/4 cucharaditas de agua

10 ml/2 cucharaditas de cacao (chocolate sin azúcar) en polvo

Mezcle la harina, el polvo de hornear y la sal, luego frote la mantequilla o la margarina hasta que la mezcla parezca pan rallado. Agregue el azúcar. Agregue la esencia de vainilla y el agua y mezcle hasta obtener una masa suave. Forma una bola, luego córtala por la mitad. Trabaje el cacao en la mitad de la masa. Estirar cada pieza de masa en un rectángulo de 25 x 18 cm/10 x 7 pulgadas y colocar una encima de la otra. Enrolle suavemente para que se peguen. Enrolle la masa desde el lado largo y presione suavemente. Envuélvalo en film transparente (envoltura de plástico) y déjelo enfriar durante unos 30 minutos.

Córtelos en rodajas de 2,5 cm/1 de grosor y colóquelos, bien separados, en una bandeja para hornear (galletas) engrasada. Hornea los bizcochos (galletas) en un horno precalentado a 180°C/350°F/nivel de gas 4 durante 15 minutos hasta que estén dorados.

Galletas rápidas de suero de leche

hace 12

75 g/3 oz/1/3 taza de mantequilla o margarina

225 g/8 oz/2 tazas de harina normal (para todo uso)

15 ml/1 cucharada de levadura en polvo

2,5 ml/½ cucharadita de sal

175 ml/6 fl oz/¾ taza de suero de leche

Azúcar glas (glaseado), tamizada, para espolvorear (opcional)

Frote la mantequilla o la margarina en la harina, el polvo de hornear y la sal hasta que la mezcla parezca pan rallado. Agregue gradualmente el suero de leche para hacer una masa suave. Extienda la mezcla sobre una superficie ligeramente enharinada hasta que tenga un grosor de aproximadamente 2 cm/¾ y córtela en círculos con un cortador de galletas. Coloque las galletas en una bandeja para hornear (galletas) engrasada y hornee en un horno precalentado a 230 °C/450 °F/nivel de gas 8 durante 10 minutos hasta que estén doradas. Espolvoree con azúcar glas, si gusta.

Galletas De Pasas

Hace 24

100 g/4 oz/½ taza de mantequilla o margarina, blanda

50 g/2 oz/¼ taza de azúcar en polvo (superfina)

cáscara rallada de 1 limón

50 g/2 oz/1/3 taza de pasas

150 g/5 oz/1¼ tazas de harina leudante

Batir la mantequilla o margarina y el azúcar hasta que quede suave y esponjosa. Trabaje en la cáscara de limón, luego mezcle las pasas y la harina para hacer una mezcla espesa. Forme bolas grandes del tamaño de una nuez y colóquelas bien separadas en una bandeja para hornear (galletas) engrasada, luego presione ligeramente hacia abajo con un tenedor para aplanarlas. Hornea los bizcochos (galletas) en un horno precalentado a 180°C/350°F/nivel de gas 4 durante 15 minutos hasta que estén dorados.

Galletas suaves de pasas

Hace 36

100 g/4 oz/2/3 taza de pasas

90 ml/6 cucharadas de agua hirviendo

50 g/2 oz/¼ taza de mantequilla o margarina, blanda

175 g/6 oz/¾ taza de azúcar en polvo (superfina)

1 huevo, ligeramente batido

2,5 ml/½ cucharadita de esencia de vainilla (extracto)

175 g/6 oz/1½ tazas de harina normal (para todo uso)

2,5 ml/½ cucharadita de levadura en polvo

1,5 ml/¼ de cucharadita de bicarbonato de sodio (bicarbonato de sodio)

2,5 ml/½ cucharadita de sal

2,5 ml/½ cucharadita de canela molida

Una pizca de nuez moscada rallada

50 g/2 oz/½ taza de nueces mixtas picadas

Coloque las pasas y el agua hirviendo en una cacerola, hierva, cubra y cocine a fuego lento durante 3 minutos. Dejar enfriar. Batir la mantequilla o margarina y el azúcar hasta que quede suave y esponjoso. Incorporar poco a poco el huevo y la esencia de vainilla. Agregue la harina, el polvo de hornear, el bicarbonato de sodio, la sal y las especias alternando con las pasas y el líquido de remojo. Agregue las nueces y mezcle hasta obtener una masa suave. Envuélvalo en film transparente (envoltura de plástico) y déjelo enfriar durante al menos 1 hora.

Coloque cucharadas de masa en una bandeja para hornear (galletas) engrasada y hornee las galletas en un horno precalentado a 180°C/350°F/nivel de gas 4 durante 10 minutos hasta que estén doradas.

Rodajas de pasas y melaza

Hace 24

25 g/1 oz/2 cucharadas de mantequilla o margarina, blanda

100 g/4 oz/½ taza de azúcar en polvo (superfina)

1 yema de huevo

30 ml/2 cucharadas de melaza negra (melaza)

75 g/3 oz/½ taza de grosellas

150 g/5 oz/1¼ tazas de harina normal (para todo uso)

5 ml/1 cucharadita de bicarbonato de sodio (bicarbonato de sodio)

5 ml/1 cucharadita de canela molida

Una pizca de sal

30 ml/2 cucharadas de café negro frío

Batir la mantequilla o margarina y el azúcar hasta que quede suave y esponjosa. Poco a poco agregue la yema de huevo y la melaza, luego agregue las grosellas. Mezclar la harina, el bicarbonato de sodio, la canela y la sal y mezclar con el café. Cubra y enfríe la mezcla.

Estirar en un cuadrado de 30 cm/12 pulgadas, luego enrollar en un tronco. Coloque en una bandeja para hornear (galletas) engrasada y hornee en un horno precalentado a 180°C/350°F/nivel de gas 4 durante 15 minutos hasta que esté firme al tacto. Cortar en rodajas, luego dejar enfriar sobre una rejilla.

Galletas Ratafía

Hace 16

100 g/4 oz/½ taza de azúcar granulada

50 g/2 oz/¼ taza de almendras molidas

15 ml/1 cucharada de arroz molido

1 clara de huevo

25 g/1 oz/¼ taza de almendras en hojuelas (en rodajas)

Mezcle el azúcar, las almendras molidas y el arroz molido. Batir la clara de huevo y continuar batiendo durante 2 minutos. Coloque bizcochos (galletas) del tamaño de una nuez en una bandeja para hornear (galletas) forrada con papel de arroz con una boquilla plana (punta) de 5 mm/¼ de pulgada. Coloque una almendra en hojuelas encima de cada galleta. Hornee en un horno precalentado a 190°C/375°F/gas marca 5 durante 15 minutos hasta que estén doradas.

Galletas de arroz y muesli

Hace 24

75 g/3 oz/¼ taza de arroz integral cocido

50 g/2 oz/½ taza de muesli

75 g/3 oz/¾ taza de harina integral (integral)

2,5 ml/½ cucharadita de sal

2,5 ml/½ cucharadita de bicarbonato de sodio (bicarbonato de sodio)

5 ml/1 cucharadita de especias mixtas molidas (pastel de manzana)

30 ml/2 cucharadas de miel clara

75 g/3 oz/1/3 taza de mantequilla o margarina, blanda

Mezcle el arroz, el muesli, la harina, la sal, el bicarbonato de sodio y la mezcla de especias. Batir la miel y la mantequilla o la margarina hasta que estén blandas. Batir en la mezcla de arroz. Forme la mezcla en bolas del tamaño de una nuez y colóquelas bien separadas en bandejas para hornear (galletas) engrasadas. Aplane ligeramente, luego hornee en un horno precalentado a 190°C/375°F/nivel de gas 5 durante 15 minutos o hasta que estén doradas. Dejar enfriar durante 10 minutos, luego transferir a una rejilla para terminar de enfriar. Almacenar en un recipiente hermético.

Cremas Romaníes

Hace 10

25 g/1 oz/2 cucharadas de manteca (manteca vegetal)

25 g/1 oz/2 cucharadas de mantequilla o margarina, blanda

50 g/2 oz/¼ taza de azúcar morena suave

2,5 ml/½ cucharadita de jarabe dorado (maíz claro)

50 g/2 oz/½ taza de harina normal (para todo uso)

Una pizca de sal

25 g/1 oz/¼ taza de copos de avena

2,5 ml/½ cucharadita de especias mixtas molidas (pastel de manzana)

2,5 ml/½ cucharadita de bicarbonato de sodio (bicarbonato de sodio)

10 ml/2 cucharaditas de agua hirviendo

glaseado de mantequilla

Batir la manteca de cerdo, la mantequilla o margarina y el azúcar hasta que quede suave y esponjoso. Agregue el almíbar, luego agregue la harina, la sal, la avena y las especias mezcladas y revuelva hasta que estén bien mezclados. Disuelva el bicarbonato de sodio en el agua y mezcle hasta formar una masa firme. Forme 20 bolas pequeñas del mismo tamaño y colóquelas bien separadas en bandejas para hornear (galletas) engrasadas. Aplanar ligeramente con la palma de la mano. Hornee en un horno precalentado a 160°C/325°F/gas marca 3 durante 15 minutos. Dejar enfriar en las bandejas para hornear. Cuando esté frío, emparedar pares de galletas junto con el glaseado de mantequilla (glaseado).

Galletas de arena

Hace 48

100 g/4 oz/½ taza de mantequilla o margarina dura, blanda

225 g/8 oz/1 taza de azúcar morena blanda

1 huevo, ligeramente batido

225 g/8 oz/2 tazas de harina normal (para todo uso)

clara de huevo para glasear

30 ml/2 cucharadas de cacahuetes triturados

Batir la mantequilla o margarina y el azúcar hasta que quede suave y esponjoso. Batir el huevo, luego mezclar la harina. Estirar muy finamente sobre una superficie ligeramente enharinada y cortar en formas con un cortador de galletas. Coloque las galletas en una bandeja para hornear (galletas) engrasada, cepille la parte superior con clara de huevo y espolvoree con maní. Hornee en un horno precalentado a 180°C/350°F/marca de gas 4 durante 10 minutos hasta que estén dorados.

Galletas De Crema Agria

Hace 24

50 g/2 oz/¼ taza de mantequilla o margarina, blanda

175 g/6 oz/¾ taza de azúcar en polvo (superfina)

1 huevo

60 ml/4 cucharadas de crema agria (láctea agria)

2. 5 ml/½ cucharadita de esencia de vainilla (extracto)

150 g/5 oz/1¼ tazas de harina normal (para todo uso)

2,5 ml/½ cucharadita de levadura en polvo

75 g/3 oz/½ taza de pasas

Batir la mantequilla o margarina y el azúcar hasta que quede suave y esponjosa. Incorporar poco a poco el huevo, la nata y la esencia de vainilla. Mezcle la harina, el polvo de hornear y las pasas y revuélvalos en la mezcla hasta que estén bien mezclados. Deje caer cucharaditas redondeadas de la mezcla sobre bandejas para hornear (galletas) ligeramente engrasadas y hornee en un horno precalentado a 180 °C/350 °F/nivel de gas 4 durante unos 10 minutos hasta que estén doradas.

Galletas de azúcar moreno

Hace 24

100 g/4 oz/½ taza de mantequilla o margarina, blanda

100 g/4 oz/½ taza de azúcar morena blanda

1 huevo, ligeramente batido

2,5 ml/1 cucharadita de esencia de vainilla (extracto)

150 g/5 oz/1¼ tazas de harina normal (para todo uso)

2,5 ml/½ cucharadita de bicarbonato de sodio (bicarbonato de sodio)

Una pizca de sal

75 g/3 oz/½ taza de sultanas (pasas doradas)

Batir la mantequilla o margarina y el azúcar hasta que quede suave y esponjoso. Incorporar poco a poco el huevo y la esencia de vainilla. Agregue los ingredientes restantes hasta que quede suave. Deje caer cucharaditas redondeadas bien separadas sobre una bandeja para hornear (galletas) ligeramente engrasada. Hornea los bizcochos (galletas) en un horno precalentado a 180°C/350°F/nivel de gas 4 durante 12 minutos hasta que estén dorados.

Galletas de azúcar y nuez moscada

Hace 24

50 g/2 oz/¼ taza de mantequilla o margarina, blanda

100 g/4 oz/½ taza de azúcar en polvo (superfina)

1 yema de huevo

2,5 ml/½ cucharadita de esencia de vainilla (extracto)

150 g/5 oz/1¼ tazas de harina normal (para todo uso)

5 ml/1 cucharadita de levadura en polvo

Una pizca de nuez moscada rallada

60 ml/4 cucharadas de crema agria (láctea agria)

Batir la mantequilla o margarina y el azúcar hasta que quede suave y esponjosa. Agregue la yema de huevo y la esencia de vainilla, luego agregue la harina, el polvo de hornear y la nuez moscada. Mezcle la crema hasta que quede suave. Cubra y enfríe durante 30 minutos.

Estirar la masa a 5 mm/¼ de espesor y cortar en círculos de 5 cm/2 con un cortador de galletas. Coloque las galletas en una bandeja para hornear (galletas) sin engrasar y hornee en un horno precalentado a 200 °C/400 °F/nivel de gas 6 durante 10 minutos hasta que estén doradas.

Mantecada

Hace 8

150 g/5 oz/1¼ tazas de harina normal (para todo uso)

Una pizca de sal

25 g/1 oz/¼ taza de harina de arroz o arroz molido

50 g/2 oz/¼ taza de azúcar en polvo (superfina)

100 g/4 oz/¼ taza de mantequilla o margarina dura, enfriada y rallada

Mezclar la harina, la sal y la harina de arroz o arroz molido. Agregue el azúcar, luego la mantequilla o la margarina. Trabajar la mezcla con las yemas de los dedos hasta que parezca pan rallado. Presione en una lata para sándwiches (sartén) de 18 cm/7 pulgadas y nivele la parte superior. Pinche todo con un tenedor y márquelo en ocho gajos iguales, cortando hasta la base. Enfriar por 1 hora.

Hornee en un horno precalentado a 150°C/300°F/nivel de gas 2 durante 1 hora hasta que adquiera un color pajizo pálido. Dejar enfriar en el molde antes de desmoldar.

Galletas De Navidad

hace 12

175 g/6 oz/¾ taza de mantequilla o margarina

250 g/9 oz/2¼ tazas de harina normal (para todo uso)

75 g/3 oz/1/3 taza de azúcar en polvo (superfina)

Para la cobertura:
15 ml/1 cucharada de almendras picadas

15 ml/1 cucharada de nueces picadas

30 ml/2 cucharadas de pasas

30 ml/2 cucharadas de cerezas glaseadas (confitadas), picadas

cáscara rallada de 1 limón

15 ml/1 cucharada de azúcar glas (superfina) para espolvorear

Frote la mantequilla o la margarina en la harina hasta que la mezcla parezca pan rallado. Agregue el azúcar. Presione la mezcla hasta obtener una pasta y amase hasta que quede suave. Presione en una lata de rollo suizo engrasada (bandeja de rollo de gelatina) y nivele la superficie. Mezcle los ingredientes de cobertura y presiónelos en la pasta. Marque en 12 dedos, luego hornee en un horno precalentado a 180°C/350°F/gas marca 4 durante 30 minutos. Espolvorear con azúcar glas, cortar en dedos y dejar enfriar en el molde.

Pan dulce con miel

hace 12

100 g/4 oz/½ taza de mantequilla o margarina, blanda

75 g/3 oz/¼ taza de miel

200 g/7 oz/1¾ tazas de harina integral (integral)

25 g/1 oz/¼ taza de harina de arroz integral

cáscara rallada de 1 limón

Batir la mantequilla o margarina y la miel hasta que estén blandas. Agregue las harinas y la ralladura de limón y trabaje hasta obtener una masa suave. Presionar en un molde para bizcocho o bizcocho de 18 cm/7 in engrasado y enharinado y pinchar todo con un tenedor. Marque en 12 cuñas y doble los bordes. Enfriar por 1 hora.

Hornee en un horno precalentado a 150°C/300°F/gas marca 2 durante 40 minutos hasta que estén doradas. Cortar en los trozos marcados y dejar enfriar en el molde.

Galletas De Mantequilla De Limón

hace 12

100 g/4 oz/1 taza de harina normal (para todo uso)

50 g/2 oz/½ taza de harina de maíz (fécula de maíz)

100 g/4 oz/½ taza de mantequilla o margarina, blanda

50 g/2 oz/¼ taza de azúcar en polvo (superfina)

cáscara rallada de 1 limón

Azúcar glas (superfina) para espolvorear

Tamizar la harina y la maizena juntas. Bate la mantequilla o la margarina hasta que esté suave, luego bate el azúcar en polvo hasta que esté pálida y esponjosa. Agregue la cáscara de limón, luego bata la mezcla de harina hasta que esté bien mezclado. Extienda la torta dulce en un círculo de 20 cm/8 y colóquela en una bandeja para hornear (galletas) engrasada. Pincha todo con un tenedor y acanala los bordes. Cortar en 12 gajos, luego espolvorear con azúcar en polvo. Enfriar en la heladera por 15 minutos. Hornee en un horno precalentado a 160°C/325°F/nivel de gas 3 durante 35 minutos hasta que estén doradas pálidas. Deje enfriar en la bandeja para hornear durante 5 minutos antes de pasar a una rejilla para terminar de enfriar.

Pan dulce de carne picada

Hace 8

175 g/6 oz/¾ taza de mantequilla o margarina, blanda

50 g/2 oz/¼ taza de azúcar en polvo (superfina)

225 g/8 oz/2 tazas de harina normal (para todo uso)

60 ml/4 cucharadas de carne picada

Batir la mantequilla o margarina y el azúcar hasta que estén blandas. Trabajar en la harina, luego la carne picada. Presione en un molde para sándwich de 23 cm/ 7 pulgadas y nivele la parte superior. Pincha todo con un tenedor y marca ocho gajos, cortando hasta la base. Enfriar por 1 hora.

Hornee en un horno precalentado a 160°C/325°F/nivel de gas 3 durante 1 hora hasta que adquiera un color pajizo pálido. Dejar enfriar en el molde antes de desmoldar.

Galletas De Mantequilla De Nuez

hace 12

100 g/4 oz/½ taza de mantequilla o margarina, blanda

50 g/2 oz/¼ taza de azúcar en polvo (superfina)

100 g/4 oz/1 taza de harina normal (para todo uso)

50 g/2 oz/½ taza de arroz molido

50 g/2 oz/½ taza de almendras, finamente picadas

Batir la mantequilla o margarina y el azúcar hasta que quede suave y esponjoso. Mezclar la harina y el arroz molido. Agregue las nueces y mezcle hasta obtener una masa firme. Amasar ligeramente hasta que quede suave. Presione en la base de una lata de rollo suizo engrasada (bandeja de rollo de gelatina) y nivele la superficie. Pinchar todo con un tenedor. Hornee en un horno precalentado a 160°C/325°F/gas marca 3 durante 45 minutos hasta que estén doradas pálidas. Dejar enfriar en el molde durante 10 minutos, luego cortar en dedos. Dejar en el molde para terminar de enfriar antes de desmoldar.

Galletas De Naranja

hace 12

100 g/4 oz/1 taza de harina normal (para todo uso)

50 g/2 oz/½ taza de harina de maíz (fécula de maíz)

100 g/4 oz/½ taza de mantequilla o margarina, blanda

50 g/2 oz/¼ taza de azúcar en polvo (superfina)

cáscara rallada de 1 naranja

Azúcar glas (superfina) para espolvorear

Tamizar la harina y la maizena juntas. Bate la mantequilla o la margarina hasta que esté suave, luego bate el azúcar en polvo hasta que esté pálida y esponjosa. Agregue la cáscara de naranja, luego bata la mezcla de harina hasta que esté bien mezclado. Extienda la torta dulce en un círculo de 20 cm/8 y colóquela en una bandeja para hornear (galletas) engrasada. Pincha todo con un tenedor y acanala los bordes. Cortar en 12 gajos, luego espolvorear con azúcar en polvo. Enfriar en la heladera por 15 minutos. Hornee en un horno precalentado a 160°C/325°F/nivel de gas 3 durante 35 minutos hasta que estén doradas pálidas. Deje enfriar en la bandeja para hornear durante 5 minutos antes de pasar a una rejilla para terminar de enfriar.

Pan dulce del hombre rico

Hace 36

Para la base:

225 g/8 oz/1 taza de mantequilla o margarina

275 g/10 oz/2½ tazas de harina normal (para todo uso)

100 g/4 oz/½ taza de azúcar en polvo (superfina)

Para el llenado:

225 g/8 oz/1 taza de mantequilla o margarina

225 g/8 oz/1 taza de azúcar morena blanda

60 ml/4 cucharadas de jarabe dorado (maíz claro)

400 g/14 oz de leche condensada en lata

Unas gotas de esencia de vainilla (extracto)

Para la cobertura:

225 g/8 oz/2 tazas de chocolate natural (semidulce)

Para hacer la base, frote la mantequilla o margarina en la harina, luego agregue el azúcar y amase la mezcla hasta obtener una masa firme. Presione en la base de una lata de rollo suizo engrasada (bandeja de rollo de gelatina) forrada con papel de aluminio. Hornee en un horno precalentado a 180°C/ 350°F/gas marca 4 durante 35 minutos hasta que estén doradas. Dejar en el molde para que se enfríe.

Para hacer el relleno, derrita la mantequilla o margarina, el azúcar, el almíbar y la leche condensada en una sartén a fuego lento, revolviendo continuamente. Lleve a ebullición, luego cocine a fuego lento, revolviendo continuamente, durante 7 minutos. Retire del fuego, agregue la esencia de vainilla y bata bien. Verter sobre la base y dejar enfriar y cuajar.

Derrita el chocolate en un recipiente resistente al calor colocado sobre una cacerola con agua hirviendo a fuego lento. Extienda sobre la capa de caramelo y marque los patrones con un tenedor. Dejar enfriar y reposar, luego cortar en cuadrados.

Galletas De Avena Integrales

Hace 10

100 g/4 oz/½ taza de mantequilla o margarina

150 g/5 oz/1¼ tazas de harina integral (integral)

25 g/1 oz/¼ taza de harina de avena

50 g/2 oz/¼ taza de azúcar morena suave

Frote la mantequilla o la margarina en las harinas hasta que la mezcla parezca pan rallado. Agregue el azúcar y trabaje ligeramente hasta obtener una masa suave y desmenuzable. Estírela sobre una superficie ligeramente enharinada hasta que tenga un grosor de aproximadamente 1 cm/½ y córtela en círculos de 5 cm/2 con un cortador de galletas. Transfiera con cuidado a una bandeja para hornear (galletas) engrasada y hornee en un horno precalentado a 150 °C/300 °F/nivel de gas 3 durante unos 40 minutos hasta que esté dorado y firme.

Remolinos de almendras

Hace 16

175 g/6 oz/¾ taza de mantequilla o margarina, blanda

50 g/2 oz/1/3 taza de azúcar glas (glaseado), tamizada

2,5 ml/½ cucharadita de esencia de almendras (extracto)

175 g/6 oz/1½ tazas de harina normal (para todo uso)

8 cerezas glacé (confitadas), cortadas por la mitad o en cuartos

Azúcar glas (glaseado), tamizada, para espolvorear

Batir la mantequilla o margarina y el azúcar. Batir la esencia de almendras y la harina. Transfiera la mezcla a una manga pastelera equipada con una boquilla grande en forma de estrella (punta). Coloque 16 remolinos planos en una bandeja para hornear (galletas) engrasada. Cubra cada uno con un trozo de cereza. Hornee en un horno precalentado a 160°C/325°F/gas marca 3 durante 20 minutos hasta que estén dorados. Dejar enfriar en la bandeja durante 5 minutos, luego pasar a una rejilla y espolvorear con azúcar glas.

Galletas De Merengue De Chocolate

Hace 24

100 g/4 oz/½ taza de mantequilla o margarina, blanda

5 ml/1 cucharadita esencia de vainilla (extracto)

4 claras de huevo

200 g/7 oz/1¾ tazas de harina normal (para todo uso)

50 g/2 oz/¼ taza de azúcar en polvo (superfina)

45 ml/3 cucharadas de cacao (chocolate sin azúcar) en polvo

100 g/4 oz/2/3 taza de azúcar glas (glaseado), tamizada

Batir la mantequilla o margarina, la esencia de vainilla y dos de las claras de huevo. Mezcle la harina, el azúcar y el cacao, luego bátalos gradualmente en la mezcla de mantequilla. Presione en un molde cuadrado de 30 cm/12 pulgadas engrasado (bandeja). Batir las claras de huevo restantes con el azúcar glas y esparcir por encima. Hornee en un horno precalentado a 190°C/375°F/gas marca 5 durante 20 minutos hasta que estén doradas. Cortar en barras.

Gente de galletas

Hace alrededor de 12

100 g/4 oz/½ taza de mantequilla o margarina, blanda

100 g/4 oz/½ taza de azúcar en polvo (superfina)

1 huevo batido

225 g/8 oz/2 tazas de harina normal (para todo uso)

Algunas grosellas y cerezas glacé (confitadas)

Batir la mantequilla o margarina y el azúcar. Añade poco a poco el huevo y bate bien. Incorpore la harina con una cuchara de metal. Estirar la mezcla sobre una superficie ligeramente enharinada a unos 5 mm/¼ de espesor. Corta personas con un cortador de galletas o un cuchillo, y vuelve a enrollar los recortes hasta que hayas usado toda la masa. Coloque en una bandeja para hornear (galletas) engrasada y presione las grosellas para los ojos y los botones. Cortar rodajas de cereza para las bocas. Hornea los bizcochos (galletas) en un horno precalentado a 190 °C/375 °F/nivel de gas 5 durante 10 minutos hasta que estén dorados. Dejar enfriar sobre una rejilla.

Tarta helada de jengibre

Rinde dos pasteles de 20 cm/8 pulgadas

Para el bizcocho:

225 g/8 oz/1 taza de mantequilla o margarina, blanda

100 g/4 oz/½ taza de azúcar en polvo (superfina)

275 g/10 oz/2½ tazas de harina normal (para todo uso)

10 ml/2 cucharaditas de levadura en polvo

10 ml/2 cucharaditas de jengibre molido

Para el glaseado (glaseado):

50 g/2 oz/¼ taza de mantequilla o margarina

15 ml/1 cucharada de jarabe dorado (maíz claro)

100 g/4 oz/2/3 taza de azúcar glas (glaseado), tamizada

5 ml/1 cucharadita de jengibre molido

Para hacer el bizcocho, mezcle la mantequilla o la margarina y el azúcar hasta que quede suave y esponjoso. Mezcle los ingredientes restantes de la torta dulce para hacer una masa, divida la mezcla por la mitad y presione en dos moldes para sándwich (sartenes) engrasados de 20 cm/8 pulgadas. Hornee en un horno precalentado a 160°C/325°F/gasmark 3 durante 40 minutos.

Para hacer el glaseado, derrita la mantequilla o margarina y el almíbar en una sartén. Agregue el azúcar glas y el jengibre y mezcle bien. Vierta sobre ambos bizcochos y déjelos hasta que se enfríen, luego córtelos en gajos.

Galletas Shrewsbury

Hace 24

100 g/4 oz/½ taza de mantequilla o margarina, blanda

100 g/4 oz/½ taza de azúcar en polvo (superfina)

1 yema de huevo

225 g/8 oz/2 tazas de harina normal (para todo uso)

5 ml/1 cucharadita de levadura en polvo

5 ml/1 cucharadita de cáscara de limón rallada

Batir la mantequilla o margarina y el azúcar hasta que quede suave y esponjosa. Agregue gradualmente la yema de huevo, luego trabaje con la harina, el polvo de hornear y la ralladura de limón, terminando con las manos hasta que la mezcla se una. Estírelo a 5 mm/ ¼ de grosor y córtelo en círculos de 6 cm/2¼ con un cortador de galletas. Coloque las galletas bien separadas en una bandeja para hornear (galletas) engrasada y pínchelas con un tenedor. Hornee en un horno precalentado a 180°C/350°F/gas marca 4 durante 15 minutos hasta que estén dorados.

Galletas especiadas españolas

Hace 16

90 ml/6 cucharadas de aceite de oliva

100 g/4 oz/½ taza de azúcar granulada

100 g/4 oz/1 taza de harina normal (para todo uso)

15 ml/1 cucharada de levadura en polvo

10 ml/2 cucharaditas de canela molida

3 huevos

cáscara rallada de 1 limón

30 ml/2 cucharadas de azúcar glas, tamizada

Caliente el aceite en una cacerola pequeña. Mezclar el azúcar, la harina, el polvo de hornear y la canela. En un recipiente aparte, bata los huevos y la ralladura de limón hasta que esté espumoso. Agregue los ingredientes secos y el aceite para hacer una masa suave. Vierta la masa en un molde para panecillos suizos bien engrasado (molde para gelatina) y hornee en un horno precalentado a 180 °C/350 °F/nivel de gas 4 durante 30 minutos hasta que esté dorado. Desmolde, deje enfriar, luego corte en triángulos y espolvoree las galletas (galletas) con azúcar glas.

Galletas de especias a la antigua

Hace 24

75 g/3 oz/1/3 taza de mantequilla o margarina

50 g/2 oz/¼ taza de azúcar en polvo (superfina)

45 ml/3 cucharadas de melaza negra (melaza)

175 g/6 oz/¾ taza de harina normal (para todo uso)

5 ml/1 cucharadita de canela molida

5 ml / 1 cucharadita de especias mixtas molidas (pastel de manzana)

2,5 ml/½ cucharadita de jengibre molido

2,5 ml/½ cucharadita de bicarbonato de sodio (bicarbonato de sodio)

Derrita la mantequilla o margarina, el azúcar y la melaza a fuego lento. Mezcle la harina, las especias y el bicarbonato de sodio en un tazón. Vierta en la mezcla de melaza y mezcle hasta que esté bien mezclado. Mezcle hasta obtener una masa suave y forme bolitas pequeñas. Acomode, bien separados, en una bandeja para hornear (galletas) engrasada y presione con un tenedor. Hornea los bizcochos (galletas) en un horno precalentado a 180°C/350°F/nivel de gas 4 durante 12 minutos hasta que estén firmes y dorados.

Galletas de melaza

Hace 24

75 g/3 oz/1/3 taza de mantequilla o margarina, blanda

100 g/4 oz/½ taza de azúcar morena blanda

1 yema de huevo

30 ml/2 cucharadas de melaza negra (melaza)

100 g/4 oz/1 taza de harina normal (para todo uso)

5 ml/1 cucharadita de bicarbonato de sodio (bicarbonato de sodio)

Una pizca de sal

5 ml/1 cucharadita de canela molida

2,5 ml/½ cucharadita de clavo molido

Batir la mantequilla o margarina y el azúcar hasta que quede suave y esponjoso. Agregue gradualmente la yema de huevo y la melaza. Mezcle la harina, el bicarbonato de sodio, la sal y las especias y mezcle con la mezcla. Cubra y enfríe.

Enrolle la mezcla en bolas de 3 cm/1½ in y colóquelas en una bandeja para hornear (galletas) engrasada. Hornea los bizcochos (galletas) en un horno precalentado a 180°C/350°F/nivel de gas 4 durante 10 minutos hasta que cuaje.

Galletas de melaza, albaricoque y nueces

Hace alrededor de 24

50 g/2 oz/¼ taza de mantequilla o margarina

50 g/2 oz/¼ taza de azúcar en polvo (superfina)

50 g/2 oz/¼ taza de azúcar morena suave

1 huevo, ligeramente batido

2,5 ml/½ cucharadita de bicarbonato de sodio (bicarbonato de sodio)

30 ml/2 cucharadas de agua tibia

45 ml/3 cucharadas de melaza negra (melaza)

25 g/1 oz de albaricoques secos listos para comer, picados

25 g/1 oz/¼ taza de nueces mixtas picadas

100 g/4 oz/1 taza de harina normal (para todo uso)

Una pizca de sal

Una pizca de clavo molido

Batir la mantequilla o margarina y los azúcares hasta que quede suave y esponjosa. Poco a poco batir en el huevo. Mezcle el bicarbonato de sodio con el agua, revuelva en la mezcla con los ingredientes restantes. Vierta cucharadas en una bandeja para hornear (galletas) engrasada y hornee en un horno precalentado a 180°C/350°F/nivel de gas 4 durante 10 minutos.

Galletas de melaza y suero de leche

Hace 24

50 g/2 oz/¼ taza de mantequilla o margarina, blanda

50 g/2 oz/¼ taza de azúcar morena suave

150 ml/¼ pt/2/3 taza de melaza negra (melaza)

150 ml/¼ pt/2/3 taza de suero de leche

175 g/6 oz/1½ tazas de harina normal (para todo uso)

2,5 ml/½ cucharadita de bicarbonato de sodio (bicarbonato de sodio)

Batir la mantequilla o margarina y el azúcar hasta que esté suave y esponjosa, luego mezclar la melaza y el suero de leche alternando con la harina y el bicarbonato de sodio. Vierta cucharadas grandes en una bandeja para hornear (galletas) engrasada y hornee en un horno precalentado a 190°C/375°F/gas marca 5 durante 10 minutos.

Galletas de melaza y café

Hace 24

60 g/2½ oz/1/3 taza de manteca (manteca vegetal)

50 g/2 oz/¼ taza de azúcar morena suave

75 g/3 oz/¼ taza de melaza negra (melaza)

2,5 ml/½ cucharadita de esencia de vainilla (extracto)

200 g/7 oz/1¾ tazas de harina normal (para todo uso)

5 ml/1 cucharadita de bicarbonato de sodio (bicarbonato de sodio)

Una pizca de sal

2,5 ml/½ cucharadita de jengibre molido

2,5 ml/½ cucharadita de canela molida

60 ml/4 cucharadas de café negro frío

Batir la manteca de cerdo y el azúcar hasta que quede suave y esponjoso. Agregue la melaza y la esencia de vainilla. Mezclar la harina, el bicarbonato de sodio, la sal y las especias y batir en la mezcla alternando con el café. Cubra y enfríe durante varias horas. Estirar la masa a 5 mm/¼ de espesor y cortar en círculos de 5 cm/2 con un cortador de galletas. Coloque las galletas en una bandeja para hornear (galletas) sin engrasar y hornee en un horno precalentado a 190 °C/375 °F/nivel de gas 5 durante 10 minutos hasta que esté firme al tacto.

Galletas de melaza y dátiles

Hace alrededor de 24

50 g/2 oz/¼ taza de mantequilla o margarina, blanda

50 g/2 oz/¼ taza de azúcar en polvo (superfina)

50 g/2 oz/¼ taza de azúcar morena suave

1 huevo, ligeramente batido

2,5 ml/½ cucharadita de bicarbonato de sodio (bicarbonato de sodio)

30 ml/2 cucharadas de agua tibia

45 ml/3 cucharadas de melaza negra (melaza)

25 g/1 oz/¼ taza de dátiles sin hueso (sin hueso), picados

100 g/4 oz/1 taza de harina normal (para todo uso)

Una pizca de sal

Una pizca de clavo molido

Batir la mantequilla o margarina y los azúcares hasta que quede suave y esponjosa. Poco a poco batir en el huevo. Mezcla el bicarbonato de sodio con el agua, luego revuélvelo en la mezcla con los ingredientes restantes. Vierta cucharadas en una bandeja para hornear (galletas) engrasada y hornee en un horno precalentado a 180°C/350°F/nivel de gas 4 durante 10 minutos.

Galletas de melaza y jengibre

Hace 24

50 g/2 oz/¼ taza de mantequilla o margarina, blanda

50 g/2 oz/¼ taza de azúcar morena suave

150 ml/¼ pt/2/3 taza de melaza negra (melaza)

150 ml/¼ pt/2/3 taza de suero de leche

175 g/6 oz/1½ tazas de harina normal (para todo uso)

2,5 ml/½ cucharadita de bicarbonato de sodio (bicarbonato de sodio)

2,5 ml/½ cucharadita de jengibre molido

1 huevo, batido, para glasear

Batir la mantequilla o margarina y el azúcar hasta que esté suave y esponjosa, luego mezclar la melaza y el suero de leche alternando con la harina, el bicarbonato de sodio y el jengibre molido. Vierta cucharadas grandes en una bandeja para hornear (galletas) engrasada y cepille la parte superior con huevo batido. Hornee en un horno precalentado a 190°C/375°F/gas marca 5 durante 10 minutos.

Galletas De Vainilla

Hace 24

150 g/5 oz/2/3 taza de mantequilla o margarina, blanda

100 g/4 oz/½ taza de azúcar en polvo (superfina)

1 huevo batido

225 g/8 oz/2 tazas de harina leudante

Una pizca de sal

10 ml/2 cucharaditas de esencia de vainilla (extracto)

Cerezas glaseadas (confitadas) para decorar

Batir la mantequilla o margarina y el azúcar hasta que quede suave y esponjosa. Agregue gradualmente el huevo, luego agregue la harina, la sal y la esencia de vainilla y mezcle hasta obtener una masa. Amasar hasta que quede suave. Envuélvalo en papel film (envoltura de plástico) y déjelo enfriar durante 20 minutos.

Extienda la masa finamente y córtela en círculos con un cortador de galletas. Disponer en una bandeja para hornear (galletas) engrasada y colocar una cereza encima de cada uno. Hornea las galletas en un horno precalentado a 180°C/350°F/nivel de gas 4 durante 10 minutos hasta que estén doradas. Deje enfriar en la bandeja para hornear durante 10 minutos antes de transferir a una rejilla para terminar de enfriar.

Galletas De Nuez

Hace 36

100 g/4 oz/½ taza de mantequilla o margarina, blanda

100 g/4 oz/½ taza de azúcar morena blanda

100 g/4 oz/½ taza de azúcar en polvo (superfina)

1 huevo grande, ligeramente batido

200 g/7 oz/1¾ tazas de harina normal (para todo uso)

5 ml/1 cucharadita de levadura en polvo

2,5 ml/½ cucharadita de bicarbonato de sodio (bicarbonato de sodio)

120 ml/4 fl oz/½ taza de suero de leche

50 g/2 oz/½ taza de nueces picadas

Batir la mantequilla o margarina y los azúcares. Poco a poco agregue el huevo, luego agregue la harina, el polvo de hornear y el bicarbonato de sodio alternativamente con el suero de leche. Incorpore las nueces. Vierta cucharadas pequeñas en una bandeja para hornear (galletas) engrasada y hornee los bizcochos (galletas) en un horno precalentado a 190 °C/375 °F/marca de gas 5 durante 10 minutos.

Galletas Crujientes

Hace 24

25 g/1 oz de levadura fresca o 40 ml/2½ cucharadas de levadura seca

450 ml/¾ pt/2 tazas de leche tibia

900 g/2 lb/8 tazas de harina fuerte normal (de pan)

175 g/6 oz/¾ taza de mantequilla o margarina, blanda

30 ml/2 cucharadas de miel clara

2 huevos batidos

Huevo batido para glasear

Mezclar la levadura con un poco de la leche tibia y dejar en un lugar tibio por 20 minutos. Coloque la harina en un tazón y frote con la mantequilla o la margarina. Mezcle la mezcla de levadura, la leche tibia restante, la miel y los huevos y mezcle hasta obtener una masa suave. Amasar sobre una superficie ligeramente enharinada hasta que quede suave y elástica. Colocar en un recipiente aceitado, cubrir con film transparente aceitado (envoltura de plástico) y dejar en un lugar cálido durante 1 hora hasta que doble su tamaño.

Vuelva a amasar, luego forme rollos largos y planos y colóquelos en una bandeja para hornear (galletas) engrasada. Cubrir con film transparente aceitado y dejar en un lugar cálido durante 20 minutos.

Pincelar con huevo batido y hornear en horno precalentado a 200°C/400°F/nivel de gas 6 durante 20 minutos. Dejar enfriar durante la noche.

Rebane en rodajas finas, luego hornee nuevamente en un horno precalentado a 150 °C/300 °F/nivel de gas 2 durante 30 minutos hasta que estén crujientes y doradas.

biscochos de queso cheddar

hace 12

50 g/2 oz/¼ taza de mantequilla o margarina

200 g/7 oz/1¾ tazas de harina normal (para todo uso)

15 ml/1 cucharada de levadura en polvo

Una pizca de sal

50 g/2 oz/½ taza de queso Cheddar, rallado

175 ml/6 fl oz/¾ taza de leche

Frote la mantequilla o la margarina en la harina, el polvo de hornear y la sal hasta que la mezcla parezca pan rallado. Agregue el queso, luego mezcle suficiente leche para hacer una masa suave. Extiéndalo sobre una superficie ligeramente enharinada hasta que tenga un grosor de aproximadamente 2 cm/¾ y córtelo en rodajas con un cortador de galletas. Colóquelas en una bandeja para hornear (galletas) sin engrasar y hornee las galletas en un horno precalentado a 200 °C/400 °F/nivel de gas 6 durante 15 minutos hasta que estén doradas.

Galletas De Queso Azul

hace 12

50 g/2 oz/¼ taza de mantequilla o margarina

200 g/7 oz/1¾ tazas de harina normal (para todo uso)

15 ml/1 cucharada de levadura en polvo

50 g/2 oz/½ taza de queso Stilton, rallado o desmenuzado

175 ml/6 fl oz/¾ taza de leche

Frote la mantequilla o la margarina en la harina y el polvo de hornear hasta que la mezcla parezca pan rallado. Agregue el queso, luego mezcle suficiente leche para hacer una masa suave. Extiéndalo sobre una superficie ligeramente enharinada hasta que tenga un grosor de aproximadamente 2 cm/¾ y córtelo en rodajas con un cortador de galletas. Colóquelas en una bandeja para hornear (galletas) sin engrasar y hornee las galletas en un horno precalentado a 200 °C/400 °F/nivel de gas 6 durante 15 minutos hasta que estén doradas.

Galletas de queso y sésamo

Hace 24

75 g/3 oz/1/3 taza de mantequilla o margarina

75 g/3 oz/¾ taza de harina integral (integral)

75 g/3 oz/¾ taza de queso Cheddar, rallado

30 ml/2 cucharadas de semillas de sésamo

Sal y pimienta negra recién molida

1 huevo batido

Frote la mantequilla o la margarina en la harina hasta que la mezcla parezca pan rallado. Agregue el queso y la mitad de las semillas de sésamo y sazone con sal y pimienta. Presione juntos para formar una masa firme. Extienda la masa sobre una superficie ligeramente enharinada hasta que tenga un grosor de aproximadamente 5 mm/¼ de pulgada y córtela en círculos con un cortador de galletas. Coloque las galletas (crackers) en una bandeja para hornear (galletas) engrasada, cepille con huevo y espolvoree con las semillas de sésamo restantes. Hornee en un horno precalentado a 190°C/375°F/gas marca 5 durante 10 minutos hasta que estén doradas.

Palitos de queso

Hace 16

Hojaldre de 225 g/8 oz

1 huevo batido

100 g/4 oz/1 taza de queso cheddar o fuerte, rallado

15 ml/1 cucharada de queso parmesano rallado

Sal y pimienta negra recién molida

Estirar la masa (pasta) a unos 5 mm/¼ de espesor y pincelar generosamente con huevo batido. Espolvorea con los quesos y sazona al gusto con sal y pimienta. Cortar en tiras y girar las tiras suavemente en espirales. Coloque en una bandeja para hornear (galletas) humedecida y hornee en un horno precalentado a 220 °C/425 °F/nivel de gas 7 durante aproximadamente 10 minutos hasta que se hinche y se dore.

Galletas De Queso Y Tomate

hace 12

50 g/2 oz/¼ taza de mantequilla o margarina

200 g/7 oz/1¾ tazas de harina normal (para todo uso)

15 ml/1 cucharada de levadura en polvo

Una pizca de sal

50 g/2 oz/½ taza de queso Cheddar, rallado

15 ml/1 cucharada de puré de tomate (pasta)

150 ml/¼ pt/2/3 taza de leche

Frote la mantequilla o la margarina en la harina, el polvo de hornear y la sal hasta que la mezcla parezca pan rallado. Agregue el queso, luego mezcle el puré de tomate y suficiente leche para hacer una masa suave. Extiéndalo sobre una superficie ligeramente enharinada hasta que tenga un grosor de aproximadamente 2 cm/¾ y córtelo en rodajas con un cortador de galletas. Colóquelas en una bandeja para hornear (galletas) sin engrasar y hornee las galletas en un horno precalentado a 200 °C/400 °F/nivel de gas 6 durante 15 minutos hasta que estén doradas.

Bocaditos de Queso de Cabra

Hace 30

2 hojas de pasta filo congelada (pasta), descongelada

50 g/2 oz/¼ taza de mantequilla sin sal, derretida

50 g/2 oz/½ taza de queso de cabra cortado en cubitos

5 ml/1 cucharadita Hierbas de Provenza

Pintar una hoja de pasta filo con mantequilla derretida, colocar la segunda hoja encima y pincelar con mantequilla. Cortar en 30 cuadrados iguales, colocar un trozo de queso sobre cada uno y espolvorear con hierbas. Junte las esquinas y gire para sellar, luego cepille nuevamente con mantequilla derretida. Coloque en una bandeja para hornear (galletas) engrasada y hornee en un horno precalentado a 180 °C/350 °F/nivel de gas 4 durante 10 minutos hasta que estén crujientes y doradas.

Rollitos De Jamón Y Mostaza

Hace 16

Hojaldre de 225 g/8 oz

30 ml/2 cucharadas de mostaza francesa

100 g/4 oz/1 taza de jamón cocido, picado

Sal y pimienta negra recién molida

Estirar la masa (pasta) a unos 5 mm/¼ de espesor. Unte con la mostaza, luego espolvoree con el jamón y sazone con sal y pimienta. Enrolle la masa en forma de salchicha larga, luego córtela en rebanadas de 1 cm/½ y colóquela en una bandeja para hornear (galletas) humedecida. Hornee en un horno precalentado a 220°C/425°F/gas marca 7 durante unos 10 minutos hasta que se infle y se dore.

Galletas De Jamón Y Pimientos

Hace 30

225 g/8 oz/2 tazas de harina normal (para todo uso)

15 ml/1 cucharada de levadura en polvo

5 ml/1 cucharadita de tomillo seco

5 ml/1 cucharadita de azúcar en polvo (superfina)

2,5 ml/½ cucharadita de jengibre molido

Una pizca de nuez moscada rallada

Una pizca de bicarbonato de sodio (bicarbonato de sodio)

Sal y pimienta negra recién molida

50 g/2 oz/¼ taza de grasa vegetal (manteca vegetal)

50 g/2 oz/½ taza de jamón cocido, picado

30 ml/2 cucharadas de pimiento verde finamente picado

175 ml/6 fl oz/¾ taza de suero de leche

Mezcle la harina, el polvo de hornear, el tomillo, el azúcar, el jengibre, la nuez moscada, el bicarbonato de sodio, la sal y la pimienta. Frote la grasa vegetal hasta que la mezcla parezca pan rallado. Agregue el jamón y la pimienta. Agregue gradualmente el suero de leche y mezcle hasta obtener una masa suave. Amasar durante unos segundos sobre una superficie ligeramente enharinada hasta que quede suave. Estírelo a 2 cm/¾ de grosor y córtelo en rodajas con un cortador de galletas. Coloque las galletas, bien separadas, en una bandeja para hornear (galletas) engrasada y hornee en un horno precalentado a 220 °C/425 °F/nivel de gas 7 durante 12 minutos hasta que estén hinchadas y doradas.

Galletas de hierbas simples

Hace 8

225 g/8 oz/2 tazas de harina normal (para todo uso)

15 ml/1 cucharada de levadura en polvo

5 ml/1 cucharadita de azúcar en polvo (superfina)

2,5 ml/½ cucharadita de sal

50 g/2 oz/¼ taza de mantequilla o margarina

15 ml/1 cucharada de cebollino fresco picado

Una pizca de pimentón

Pimienta negra recién molida

45 ml/3 cucharadas de leche

45 ml/3 cucharadas de agua

Mezclar la harina, el polvo de hornear, el azúcar y la sal. Frote la mantequilla o la margarina hasta que la mezcla parezca pan rallado. Mezcle las cebolletas, el pimentón y la pimienta al gusto. Agregue la leche y el agua y mezcle hasta obtener una masa suave. Amase sobre una superficie ligeramente enharinada hasta que quede suave, luego extiéndalo a 2 cm/¾ de grosor y córtelo en rodajas con un cortador de galletas. Coloque las galletas (crackers), bien separadas, en una bandeja para hornear (galletas) engrasada y hornee en un horno precalentado a 200 °C/400 °F/nivel de gas 6 durante 15 minutos hasta que se hinchen y se doren.

Galletas Indias

Para 4 personas

100 g/4 oz/1 taza de harina normal (para todo uso)

100 g/4 oz/1 taza de sémola (crema de trigo)

175 g/6 oz/¾ taza de azúcar en polvo (superfina)

75 g/3 oz/¾ taza de harina de gramo

175 g/6 oz/¾ taza de manteca

Mezcle todos los ingredientes en un tazón, luego frótelos con las palmas de las manos para formar una masa dura. Es posible que necesite un poco más de ghee si la mezcla está demasiado seca. Forme bolitas pequeñas y presione en forma de galleta (cracker). Coloque en una bandeja para hornear (galletas) engrasada y forrada y hornee en un horno precalentado a 150 °C/300 °F/nivel de gas 2 durante 30 a 40 minutos hasta que se dore ligeramente. Pueden aparecer grietas finas como un cabello a medida que se cocinan las galletas.

Shortbread de avellanas y chalota

hace 12

75 g/3 oz/1/3 taza de mantequilla o margarina, blanda

175 g/6 oz/1½ tazas de harina integral (integral)

10 ml/2 cucharaditas de levadura en polvo

1 chalote, finamente picado

50 g/2 oz/½ taza de avellanas picadas

10 ml/2 cucharaditas de pimentón

15 ml/1 cucharada de agua fría

Frote la mantequilla o la margarina en la harina y el polvo de hornear hasta que la mezcla parezca pan rallado. Agregue la chalota, las avellanas y el pimentón. Agregue el agua fría y presione para hacer una masa. Estirar y presionar en una lata para rollos suizos de 30 x 20 cm/12 x 8 pulgadas (bandeja para rollos de gelatina) y pinchar todo con un tenedor. Marque en los dedos. Hornee en un horno precalentado a 200°C/400°F/gas marca 6 durante 10 minutos hasta que estén doradas.

Galletas De Salmón Y Eneldo

hace 12

225 g/8 oz/2 tazas de harina normal (para todo uso)

5 ml/1 cucharadita de azúcar en polvo (superfina)

2,5 ml/½ cucharadita de sal

20 ml/4 cucharaditas de levadura en polvo

100 g/4 oz/½ taza de mantequilla o margarina, cortada en cubitos

90 ml/6 cucharadas de agua

90 ml/6 cucharadas de leche

100 g/4 oz/1 taza de recortes de salmón ahumado, cortado en cubitos

60 ml/4 cucharadas de eneldo fresco picado (hierba de eneldo)

Mezcle la harina, el azúcar, la sal y el polvo de hornear, luego frote la mantequilla o la margarina hasta que la mezcla parezca pan rallado. Mezcle gradualmente la leche y el agua y mezcle hasta obtener una masa suave. Trabaje en el salmón y el eneldo y mezcle hasta que quede suave. Extiéndalo a 2,5 cm/1 pulgada de grosor y córtelo en rodajas con un cortador de galletas. Coloque las galletas (galletas saladas) bien separadas en una bandeja para hornear (galletas) engrasada y hornee en un horno precalentado a 220 °C/425 °F/nivel de gas 7 durante 15 minutos hasta que se hinchen y se doren.

Galletas De Soda

hace 12

45 ml/3 cucharadas de manteca (manteca vegetal)

225 g/8 oz/2 tazas de harina normal (para todo uso)

5 ml/1 cucharadita de bicarbonato de sodio (bicarbonato de sodio)

5 ml/1 cucharadita de cremor tártaro

Una pizca de sal

250 ml/8 fl oz/1 taza de suero de leche

Frote la manteca de cerdo en la harina, el bicarbonato de sodio, la crema de tártaro y la sal hasta que la mezcla parezca pan rallado. Agregue la leche y mezcle hasta obtener una masa suave. Estirar sobre una superficie ligeramente enharinada a 1 cm/½ de espesor y cortar con un cortador de galletas. Coloque las galletas (crackers) en una bandeja para hornear (galletas) engrasada y hornee en un horno precalentado a 230 °C/450 °F/nivel de gas 8 durante 10 minutos hasta que estén doradas.

Molinillos de tomate y parmesano

Hace 16

Hojaldre de 225 g/8 oz

30 ml/2 cucharadas de puré de tomate (pasta)

100 g/4 oz/1 taza de queso parmesano, rallado

Sal y pimienta negra recién molida

Estirar la masa (pasta) a unos 5 mm/¼ de espesor. Unte con el puré de tomate, luego espolvoree con el queso y sazone con sal y pimienta. Enrolle la masa en forma de salchicha larga, luego córtela en rebanadas de 1 cm/½ y colóquela en una bandeja para hornear (galletas) humedecida. Hornee en un horno precalentado a 220°C/425°F/gas marca 7 durante unos 10 minutos hasta que se hinche y se dore.

Galletas de tomate y hierbas

hace 12

225 g/8 oz/2 tazas de harina normal (para todo uso)

5 ml/1 cucharadita de azúcar en polvo (superfina)

2,5 ml/½ cucharadita de sal

40 ml/2½ cucharadas de levadura en polvo

100 g/4 oz/½ taza de mantequilla o margarina

30 ml/2 cucharadas de leche

30 ml/2 cucharadas de agua

4 tomates maduros, pelados, sin semillas y picados

45 ml/3 cucharadas de albahaca fresca picada

Mezclar la harina, el azúcar, la sal y el polvo de hornear. Frote la mantequilla o la margarina hasta que la mezcla parezca pan rallado. Agregue la leche, el agua, los tomates y la albahaca y mezcle hasta obtener una masa suave. Amasar durante unos segundos sobre una superficie ligeramente enharinada, luego estirar a 2,5 cm/1 de espesor y cortar en rodajas con un cortador de galletas (galletas). Coloque las galletas bien separadas en una bandeja para hornear (galletas) engrasada y hornee en un horno precalentado a 230 °C/425 °F/nivel de gas 7 durante 15 minutos hasta que estén hinchadas y doradas.

Pan Blanco Básico

Rinde tres panes de 450 g/1 lb

25 g/1 oz de levadura fresca o 40 ml/2½ cucharadas de levadura seca

10 ml/2 cucharaditas de azúcar

900 ml/1½ pts/3¾ tazas de agua tibia

25 g/1 oz/2 cucharadas de manteca (manteca vegetal)

1,5 kg/3 lb/12 tazas de harina fuerte normal (de pan)

15 ml/1 cucharada de sal

Licúa la levadura con el azúcar y un poco de agua tibia y deja en un lugar tibio por 20 minutos hasta que esté espumoso. Frote la manteca de cerdo en la harina y la sal, luego agregue la mezcla de levadura y suficiente agua restante para mezclar hasta obtener una masa firme que deje los lados del tazón limpios. Amasar en una superficie ligeramente enharinada o en un procesador hasta que esté elástico y ya no pegajoso. Coloque la masa en un bol aceitado, cúbrala con film transparente aceitado (envoltura de plástico) y déjala en un lugar cálido durante aproximadamente 1 hora hasta que doble su tamaño y esté elástica al tacto.

Vuelva a amasar la masa hasta que esté firme, divídala en tres y colóquela en moldes para pan de 450 g/1 lb engrasados o dé forma a los panes de su elección. Tapar y dejar leudar en un lugar cálido durante unos 40 minutos hasta que la masa llegue justo por encima de la parte superior de los moldes.

Hornee en un horno precalentado a 230 °C/450 °F/nivel de gas 8 durante 30 minutos hasta que las hogazas comiencen a encogerse de los lados de los moldes y estén doradas y firmes, y suenen huecas cuando se golpean en la base.

Bagels

hace 12

15 g/½ oz de levadura fresca o 20 ml/4 cucharaditas de levadura seca

5 ml/1 cucharadita de azúcar en polvo (superfina)

300 ml/½ pt/1¼ tazas de leche tibia

50 g/2 oz/¼ taza de mantequilla o margarina

450 g/1 lb/4 tazas de harina fuerte normal (de pan)

Una pizca de sal

1 yema de huevo

30 ml/2 cucharadas de semillas de amapola

Licúa la levadura con el azúcar y un poco de la leche tibia y deja en un lugar tibio por 20 minutos hasta que esté espumoso. Unte la mantequilla o la margarina con la harina y la sal y haga un hueco en el centro. Agregue la mezcla de levadura, la leche tibia restante y la yema de huevo y mezcle hasta obtener una masa suave. Amasar hasta que la masa sea elástica y ya no pegajosa. Colocar en un recipiente aceitado, cubrir con film transparente aceitado (envoltura de plástico) y dejar en un lugar cálido durante aproximadamente 1 hora hasta que doble su tamaño.

Amasar la masa ligeramente, luego cortarla en 12 pedazos. Enrolle cada uno en una tira larga de unos 15 cm/6 pulgadas de largo y gírelos hasta formar un anillo. Coloque en una bandeja para hornear (galletas) engrasada, cubra y deje crecer durante 15 minutos.

Pon a hervir una cacerola grande con agua, luego baja el fuego a fuego lento. Deje caer un anillo en el agua hirviendo a fuego lento y cocine durante 3 minutos, volteando una vez, luego retírelo y colóquelo en una bandeja para hornear (galletas). Continúe con los bagels restantes. Espolvorea los bagels con semillas de amapola y hornea en un horno precalentado a 230 °C/450 °F/nivel de gas 8 durante 20 minutos hasta que estén dorados.

baps

hace 12

25 g/1 oz de levadura fresca o 40 ml/2½ cucharadas de levadura seca

5 ml/1 cucharadita de azúcar en polvo (superfina)

150 ml/¼ pt/2/3 taza de leche tibia

50 g/2 oz/¼ taza de manteca (manteca vegetal)

450 g/1 lb/4 tazas de harina fuerte normal (de pan)

5 ml/1 cucharadita de sal

150 ml/¼ pt/2/3 taza de agua tibia

Licúa la levadura con el azúcar y un poco de la leche tibia y deja en un lugar tibio por 20 minutos hasta que esté espumoso. Frote la manteca de cerdo en la harina, luego agregue la sal y haga un pozo en el centro. Agregue la mezcla de levadura, la leche restante y el agua y mezcle hasta obtener una masa suave. Amasar hasta que esté elástico y ya no pegajoso. Coloque en un recipiente engrasado y cubra con film transparente engrasado (envoltura de plástico). Dejar en un lugar cálido durante aproximadamente 1 hora hasta que doble su tamaño.

Forme la masa en 12 rollos planos y colóquelos en una bandeja para hornear (galletas) engrasada. Dejar leudar durante 15 minutos.

Hornee en un horno precalentado a 230 °C/450 °F/nivel de gas 8 durante 15 a 20 minutos hasta que suba y esté dorado.

Pan Cremoso De Cebada

Rinde una hogaza de 900 g/2 lb

15 g/½ oz de levadura fresca o 20 ml/4 cucharaditas de levadura seca

una pizca de azúcar

350 ml/12 fl oz/1½ tazas de agua tibia

400 g/14 oz/3½ tazas de harina fuerte normal (de pan)

175 g/6 oz/1½ tazas de harina de cebada

Una pizca de sal

45 ml/3 cucharadas de crema única (ligera)

Licúa la levadura con el azúcar y un poco de agua tibia y deja en un lugar tibio por 20 minutos hasta que esté espumoso. Mezcle las harinas y la sal en un tazón, agregue la mezcla de levadura, la crema y el agua restante y mezcle hasta obtener una masa firme. Amasar hasta que quede suave y ya no pegajoso. Colocar en un recipiente aceitado, cubrir con film transparente aceitado (envoltura de plástico) y dejar en un lugar cálido durante aproximadamente 1 hora hasta que doble su tamaño.

Vuelva a amasar ligeramente, luego forme un molde para pan de 900 g/2 lb engrasado (sartén), cubra y deje en un lugar cálido durante 40 minutos hasta que la masa haya subido por encima de la parte superior del molde.

Hornee en un horno precalentado a 220°C/425°F/gas marca 7 durante 10 minutos, luego reduzca la temperatura del horno a 190°C/375°F/gas marca 5 y hornee por otros 25 minutos hasta que estén dorados y huecos. -sonando cuando se golpea en la base.

Pan de Cerveza

Rinde una hogaza de 900 g/2 lb

450 g/1 lb/4 tazas de harina leudante (autoleudante)

5 ml/1 cucharadita de sal

350 ml/12 fl oz/1½ tazas de cerveza dorada

Mezcle los ingredientes hasta obtener una masa suave. Forme un molde para pan de 900 g/2 lb engrasado, cubra y deje crecer en un lugar cálido durante 20 minutos. Hornee en un horno precalentado a 190°C/375°F/gas marca 5 durante 45 minutos hasta que se doren y suenen huecos cuando se golpeen en la base.

Pan marrón de Boston

Rinde tres panes de 450 g/1 lb

100 g/4 oz/1 taza de harina de centeno

100 g/4 oz/1 taza de harina de maíz

100 g/4 oz/1 taza de harina integral (integral)

5 ml/1 cucharadita de bicarbonato de sodio (bicarbonato de sodio)

5 ml/1 cucharadita de sal

250 g/9 oz/¾ taza de melaza negra (melaza)

500 ml/16 fl oz/2 tazas de suero de leche

175 g/6 oz/1 taza de pasas

Mezcle los ingredientes secos, luego agregue la melaza, el suero de leche y las pasas y mezcle hasta obtener una masa suave. Vierta la mezcla en tres recipientes para pudín de 450 g/1 lb engrasados, cúbralos con papel resistente a la grasa (encerado) y papel de aluminio y átelos con una cuerda para sellar la parte superior. Colóquelo en una cacerola grande y llénelo con suficiente agua caliente para que llegue a la mitad de los lados de los tazones. Lleve el agua a ebullición, cubra la cacerola y cocine a fuego lento durante 2 horas y media, completando con agua hirviendo según sea necesario. Retire los tazones de la sartén y deje que se enfríen un poco. Servir tibio con mantequilla.

Macetas De Salvado

hace 3

25 g/1 oz de levadura fresca o 40 ml/2½ cucharadas de levadura seca

5 ml/1 cucharadita de azúcar

600 ml/1 pt/2½ tazas de agua tibia

675 g/1½ lb/6 tazas de harina integral (integral)

25 g/1 oz/¼ taza de harina de soja

5 ml/1 cucharadita de sal

50 g/2 oz/1 taza de salvado

Leche para glasear

45 ml/3 cucharadas de trigo partido

Necesitará tres macetas de arcilla limpias y nuevas de 13 cm/ 5 pulgadas. Engrasarlos bien y hornearlos en horno caliente durante 30 minutos para evitar que se agrieten.

Triturar la levadura con el azúcar y un poco de agua tibia y dejar reposar hasta que esté espumoso. Mezclar las harinas, la sal y el salvado y hacer un hueco en el centro. Mezcle la mezcla de agua tibia y levadura y amase hasta obtener una masa firme. Pasar a una superficie enharinada y amasar durante unos 10 minutos hasta que quede suave y elástica. Alternativamente, puede hacer esto en un procesador de alimentos. Coloque la masa en un recipiente limpio, cúbrala con film transparente aceitado (envoltura de plástico) y déjela en un lugar cálido para que suba durante aproximadamente 1 hora hasta que doble su tamaño.

Pasar a una superficie enharinada y volver a amasar durante 10 minutos. Formar los tres maceteros engrasados, tapar y dejar levar 45 minutos hasta que la masa suba por encima de los maceteros.

Pintar la masa con leche y espolvorear con el trigo partido. Hornee en un horno precalentado a 230°C/450°F/gas marca 8 durante 15 minutos. Reduzca la temperatura del horno a 200 °C/400 °F/nivel de gas 6 y hornee durante 30 minutos más hasta que suba y esté firme. Desmoldar y dejar enfriar.

Rollos con mantequilla

hace 12

450 g/1 lb de masa de pan blanco básico

100 g/4 oz/½ taza de mantequilla o margarina, cortada en cubitos

Hacer la masa de pan y dejar leudar hasta que doble su tamaño y quede elástica al tacto.

Amasar la masa de nuevo y trabajar en la mantequilla o margarina. Forme 12 rollos y colóquelos bien separados en una bandeja para hornear (galletas) engrasada. Cubra con film transparente aceitado (envoltura de plástico) y deje crecer en un lugar cálido durante aproximadamente 1 hora hasta que doble su tamaño.

Hornee en un horno precalentado a 230 °C/450 °F/nivel de gas 8 durante 20 minutos hasta que se doren y suenen huecos cuando se golpeen en la base.

Pan de suero de leche

Rinde una hogaza de 675 g/1½ lb

450 g/1 lb/4 tazas de harina normal (para todo uso)

5 ml/1 cucharadita de cremor tártaro

5 ml/1 cucharadita de bicarbonato de sodio (bicarbonato de sodio)

250 ml/8 fl oz/1 taza de suero de leche

Mezclar la harina, el cremor tártaro y el bicarbonato de sodio en un bol y hacer un hueco en el centro. Agregue suficiente suero de leche para mezclar hasta obtener una masa suave. Forme una ronda y colóquela en una bandeja para hornear (galletas) engrasada. Hornee en un horno precalentado a 220°C/425°F/nivel de gas 7 durante 20 minutos hasta que suba bien y se dore.

Pan de Maíz Canadiense

Rinde una hogaza de 23 cm/9 in.

150 g/5 oz/1¼ tazas de harina normal (para todo uso)

75 g/3 oz/¾ taza de harina de maíz

15 ml/1 cucharada de levadura en polvo

2,5 ml/½ cucharadita de sal

100 g/4 oz/1/3 taza de jarabe de arce

100 g/4 oz/½ taza de manteca (manteca), derretida

2 huevos batidos

Mezcle los ingredientes secos, luego mezcle el almíbar, la manteca de cerdo y los huevos y revuelva hasta que estén bien mezclados. Vierta en un molde para hornear engrasado de 23 cm/9 pulgadas y hornee en un horno precalentado a 220 °C/425 °F/nivel de gas 7 durante 25 minutos hasta que esté bien subido y dorado, y comience a encogerse por los lados. de la lata

Rollos de Cornualles

hace 12

25 g/1 oz de levadura fresca o 40 ml/2½ cucharadas de levadura seca

15 ml/1 cucharada de azúcar en polvo (superfina)

300 ml/½ pt/1¼ tazas de leche tibia

50 g/2 oz/¼ taza de mantequilla o margarina

450 g/1 lb/4 tazas de harina fuerte normal (de pan)

Una pizca de sal

Licúa la levadura con el azúcar y un poco de la leche tibia y deja en un lugar tibio por 20 minutos hasta que esté espumoso. Unte la mantequilla o la margarina con la harina y la sal y haga un hueco en el centro. Agregue la mezcla de levadura y la leche restante y mezcle hasta obtener una masa suave. Amasar hasta que esté elástico y ya no pegajoso. Coloque en un recipiente engrasado y cubra con film transparente engrasado (envoltura de plástico). Dejar en un lugar cálido durante aproximadamente 1 hora hasta que doble su tamaño.

Forme la masa en 12 rollos planos y colóquelos en una bandeja para hornear (galletas) engrasada. Cubrir con film transparente aceitado y dejar leudar durante 15 minutos.

Hornee en un horno precalentado a 230 °C/450 °F/nivel de gas 8 durante 15 a 20 minutos hasta que suba y esté dorado.

Pan Plano Campestre

Rinde seis panes pequeños.

10 ml/2 cucharaditas de levadura seca

15 ml/1 cucharada de miel clara

120 ml/4 fl oz/½ taza de agua tibia

350 g/12 oz/3 tazas de harina fuerte normal (de pan)

5 ml/1 cucharadita de sal

50 g/2 oz/¼ taza de mantequilla o margarina

5 ml/1 cucharadita de semillas de alcaravea

5 ml/1 cucharadita de cilantro molido

5 ml/1 cucharadita de cardamomo molido

120 ml/4 fl oz/½ taza de leche tibia

60 ml/4 cucharadas de semillas de sésamo

Mezcle la levadura y la miel con 45 ml/3 cucharadas de agua tibia y 15 ml/1 cucharada de harina y déjelo durante unos 20 minutos en un lugar cálido hasta que esté espumoso. Mezcle la harina restante con la sal, luego frote la mantequilla o la margarina y agregue las semillas de alcaravea, el cilantro y el cardamomo y haga un pozo en el centro. Mezcle la mezcla de levadura, el agua restante y suficiente leche para hacer una masa suave. Amasar bien hasta que esté firme y ya no pegajoso. Colocar en un recipiente aceitado, cubrir con film transparente aceitado (envoltura de plástico) y dejar en un lugar cálido durante unos 30 minutos hasta que doble su tamaño.

Vuelva a amasar la masa, luego forme tortas planas. Coloque en una bandeja para hornear (galletas) engrasada y cepille con leche. Espolvorear con semillas de sésamo. Cubrir con film transparente aceitado y dejar leudar durante 15 minutos.

Hornee en un horno precalentado a 200°C/ 400°F/gas marca 6 durante 30 minutos hasta que estén doradas.

Trenza campestre de semillas de amapola

Rinde una hogaza de 450 g/1 lb

275 g/10 oz/2½ tazas de harina normal (para todo uso)

25 g/1 oz/2 cucharadas de azúcar en polvo (superfina)

5 ml/1 cucharadita de sal

10 ml/2 cucharaditas de levadura seca fácil de mezclar

175 ml/6 fl oz/¾ taza de leche

25 g/1 oz/2 cucharadas de mantequilla o margarina

1 huevo

Un poco de leche o clara de huevo para glasear

30 ml/2 cucharadas de semillas de amapola

Mezclar la harina, el azúcar, la sal y la levadura. Caliente la leche con la mantequilla o la margarina, luego mezcle la harina con el huevo y amase hasta obtener una masa dura. Amasar hasta que esté elástico y ya no pegajoso. Colocar en un recipiente aceitado, cubrir con film transparente aceitado (envoltura de plástico) y dejar en un lugar cálido durante aproximadamente 1 hora hasta que doble su tamaño.

Vuelva a amasar y forme tres salchichas de unos 20 cm de largo. Humedece un extremo de cada tira y presiónalas juntas, luego trenza las tiras, humedece y sella los extremos. Coloque en una bandeja para hornear (galletas) engrasada, cubra con film transparente engrasado y deje crecer durante unos 40 minutos hasta que doble su tamaño.

Pincelar con leche o clara de huevo y espolvorear con semillas de amapola. Hornee en un horno precalentado a 190°C/375°F/gas marca 5 durante unos 45 minutos hasta que estén doradas.

Pan Integral Campestre

Rinde dos panes de 450 g/1 lb

20 ml/4 cucharaditas de levadura seca

5 ml/1 cucharadita de azúcar en polvo (superfina)

600 ml/1 pt/2½ tazas de agua tibia

25 g/1 oz/2 cucharadas de grasa vegetal (manteca vegetal)

800 g/1¾ lb/7 tazas de harina integral (integral)

10 ml/2 cucharaditas de sal

10 ml/2 cucharaditas de extracto de malta

1 huevo batido

25 g/1 oz/¼ taza de trigo partido

Licúa la levadura con el azúcar y un poco de agua tibia y deja unos 20 minutos hasta que esté espumoso. Frote la grasa en la harina, la sal y el extracto de malta y haga un pozo en el centro. Agregue la mezcla de levadura y el agua tibia restante y mezcle hasta obtener una masa suave. Amasar bien hasta que esté elástico y ya no pegajoso. Colocar en un recipiente aceitado, cubrir con film transparente aceitado (envoltura de plástico) y dejar en un lugar cálido durante aproximadamente 1 hora hasta que doble su tamaño.

Vuelva a amasar la masa y forme dos moldes para pan de 450 g/1 lb engrasados. Dejar leudar en un lugar cálido durante unos 40 minutos hasta que la masa suba justo por encima de la parte superior de los moldes.

Cepille la parte superior de los panes generosamente con huevo y espolvoree con trigo partido. Hornee en un horno precalentado a 230 °C/450 °F/marca de gas 8 durante unos 30 minutos hasta que se doren y suenen huecos cuando se golpeen en la base.

trenzas al curry

Rinde dos panes de 450 g/1 lb

120 ml/4 fl oz/½ taza de agua tibia

30 ml/2 cucharadas de levadura seca

225 g/8 oz/2/3 taza de miel clara

25 g/1 oz/2 cucharadas de mantequilla o margarina

30 ml/2 cucharadas de curry en polvo

675 g/1½ lb/6 tazas de harina normal (para todo uso)

10 ml/2 cucharaditas de sal

450 ml/¾ pt/2 tazas de suero de leche

1 huevo

10 ml/2 cucharaditas de agua

45 ml/3 cucharadas de almendras en copos (en rodajas)

Mezclar el agua con la levadura y 5 ml/1 cucharadita de miel y dejar reposar durante 20 minutos hasta que esté espumoso. Derrita la mantequilla o la margarina, luego agregue el curry en polvo y cocine a fuego lento durante 1 minuto. Agregue la miel restante y retire del fuego. En un bol ponemos la mitad de la harina y la sal y hacemos un hueco en el centro. Agregue la mezcla de levadura, la mezcla de miel y el suero de leche y agregue gradualmente la harina restante mientras mezcla hasta obtener una masa suave. Amasar hasta que esté suave y elástica. Colocar en un recipiente aceitado, cubrir con film transparente aceitado y dejar en un lugar cálido durante aproximadamente 1 hora hasta que doble su tamaño.

Amasar de nuevo y dividir la masa por la mitad. Corte cada pieza en tres y enróllelas en forma de salchichas de 20 cm/8 pulgadas. Humedezca un extremo de cada tira y presione juntas en dos lotes de tres para sellar. Trenza los dos juegos de tiras y sella los extremos. Coloque en una bandeja para hornear (galletas) engrasada, cubra con una película adhesiva engrasada (envoltura de plástico) y deje crecer durante unos 40 minutos hasta que duplique su tamaño.

Batir el huevo con el agua y pincelar sobre los panes, luego espolvorear con las almendras. Hornee en un horno precalentado a 190 °C/375 °F/nivel de gas 5 durante 40 minutos hasta que se doren y suenen huecos cuando se golpeen en la base.

Divisiones de Devon

hace 12

25 g/1 oz de levadura fresca o 40 ml/2½ cucharadas de levadura seca

5 ml/1 cucharadita de azúcar en polvo (superfina)

150 ml/¼ pt/2/3 taza de leche tibia

50 g/2 oz/¼ taza de mantequilla o margarina

450 g/1 lb/4 tazas de harina fuerte normal (de pan)

150 ml/¼ pt/2/3 taza de agua tibia

Licuar la levadura con el azúcar y un poco de leche tibia y dejar en un lugar tibio por 20 minutos hasta que esté espumoso. Frote la mantequilla o la margarina en la harina y haga un hueco en el centro. Agregue la mezcla de levadura, la leche restante y el agua y mezcle hasta obtener una masa suave. Amasar hasta que esté elástico y ya no pegajoso. Coloque en un recipiente engrasado y cubra con film transparente engrasado (envoltura de plástico). Dejar en un lugar cálido durante aproximadamente 1 hora hasta que doble su tamaño.

Forme la masa en 12 rollos planos y colóquelos en una bandeja para hornear (galletas) engrasada. Dejar leudar durante 15 minutos.

Hornee en un horno precalentado a 230 °C/450 °F/nivel de gas 8 durante 15 a 20 minutos hasta que suba bien y se dore.

Pan de germen de trigo con frutas

Rinde una hogaza de 900 g/2 lb

225 g/8 oz/2 tazas de harina normal (para todo uso)

5 ml/1 cucharadita de sal

5 ml/1 cucharadita de bicarbonato de sodio (bicarbonato de sodio)

5 ml/1 cucharadita de levadura en polvo

175 g/6 oz/1½ tazas de germen de trigo

100 g/4 oz/1 taza de harina de maíz

100 g/4 oz/1 taza de copos de avena

350 g/12 oz/2 tazas sultanas (pasas doradas)

1 huevo, ligeramente batido

250 ml/8 fl oz/1 taza de yogur natural

150 ml/¼ pt/2/3 taza de melaza negra (melaza)

60 ml/4 cucharadas de jarabe dorado (maíz claro)

30 ml/2 cucharadas de aceite

Mezclar los ingredientes secos y las sultanas y hacer un hueco en el centro. Mezcle el huevo, el yogur, la melaza, el jarabe y el aceite, luego agregue los ingredientes secos y mezcle hasta obtener una masa suave. Forme un molde para pan de 900 g/2 lb engrasado y hornee en un horno precalentado a 180 °C/350 °F/nivel de gas 4 durante 1 hora hasta que esté firme al tacto. Dejar enfriar en el molde durante 10 minutos antes de desmoldar sobre una rejilla para que termine de enfriarse.

Trenzas de leche con sabor a fruta

Rinde dos panes de 450 g/1 lb

15 g/½ oz de levadura fresca o 20 ml/4 cucharaditas de levadura seca

5 ml/1 cucharadita de azúcar en polvo (superfina)

450 ml/¾ pt/2 tazas de leche tibia

50 g/2 oz/¼ taza de mantequilla o margarina

675 g/1½ lb/6 tazas de harina normal (para todo uso)

Una pizca de sal

100 g/4 oz/2/3 taza de pasas

25 g/1 oz/3 cucharadas de grosellas

25 g/1 oz/3 cucharadas de cáscara picada mixta (confitada)

Leche para glasear

Licúa la levadura con el azúcar y un poco de la leche tibia. Dejar reposar en un lugar cálido durante unos 20 minutos hasta que esté espumoso. Unte la mantequilla o la margarina con la harina y la sal, agregue las pasas, las grosellas y la piel mixta y haga un hueco en el centro. Mezcle la leche tibia restante y la mezcla de levadura y amase hasta obtener una masa suave pero no pegajosa. Coloque en un recipiente engrasado y cubra con film transparente engrasado (envoltura de plástico). Dejar en un lugar cálido durante aproximadamente 1 hora hasta que doble su tamaño.

Vuelva a amasar ligeramente, luego divida por la mitad. Dividir cada mitad en tres y enrollar en forma de salchicha. Humedezca un extremo de cada rollo y presione suavemente tres juntos, luego trence la masa, humedezca y selle los extremos. Repita con la otra trenza de masa. Coloque en una bandeja para hornear (galletas) engrasada, cubra con una película adhesiva engrasada (envoltura de plástico) y deje crecer durante unos 15 minutos.

Cepille con un poco de leche, luego hornee en un horno precalentado a 200°C/400°F/nivel de gas 6 durante 30 minutos hasta que se doren y suenen huecos cuando se golpeen en la base.

Pan de granero

Rinde dos panes de 900 g/2 lb

25 g/1 oz de levadura fresca o 40 ml/2½ cucharadas de levadura seca

5 ml/1 cucharadita de miel

450 ml/¾ pt/2 tazas de agua tibia

350 g/12 oz/3 tazas de harina de granero

350 g/12 oz/3 tazas de harina integral (integral)

15 ml/1 cucharada de sal

15 g/½ oz/1 cucharada de mantequilla o margarina

Licuar la levadura con la miel y un poco de agua tibia y dejar en un lugar tibio por unos 20 minutos hasta que esté espumoso. Mezcle las harinas y la sal y frote con la mantequilla o la margarina. Mezcle la mezcla de levadura y suficiente agua tibia para hacer una masa suave. Amasar sobre una superficie ligeramente enharinada hasta que quede suave y ya no pegajosa. Colocar en un recipiente aceitado, cubrir con film transparente aceitado (envoltura de plástico) y dejar en un lugar cálido durante aproximadamente 1 hora hasta que doble su tamaño.

Vuelva a amasar y forme dos moldes para pan de 900 g/2 lb engrasados. Cubrir con film transparente aceitado y dejar leudar hasta que la masa llegue a la parte superior de los moldes.

Hornee en un horno precalentado a 220 °C/425 °F/nivel de gas 7 durante 25 minutos hasta que se doren y suenen huecos cuando se golpeen en la base.

Rollos de granero

hace 12

15 g/½ oz de levadura fresca o 20 ml/2½ cucharadas de levadura seca

5 ml/1 cucharadita de azúcar en polvo (superfina)

300 ml/½ pt/1¼ tazas de agua tibia

450 g/1 lb/4 tazas de harina de granero

5 ml/1 cucharadita de sal

5 ml/1 cucharada de extracto de malta

30 ml/2 cucharadas de trigo partido

Licúa la levadura con el azúcar y un poco de agua tibia y deja en un lugar tibio hasta que esté espumoso. Mezcle la harina y la sal, luego mezcle la mezcla de levadura, el agua tibia restante y el extracto de malta. Amasar sobre una superficie ligeramente enharinada hasta que quede suave y elástica. Colocar en un recipiente aceitado, cubrir con film transparente aceitado (envoltura de plástico) y dejar en un lugar cálido durante aproximadamente 1 hora hasta que doble su tamaño.

Amase ligeramente, luego forme rollos y colóquelos en una bandeja para hornear (galletas) engrasada. Pincelar con agua y espolvorear con trigo partido. Cubrir con film transparente aceitado y dejar en un lugar cálido durante unos 40 minutos hasta que doble su tamaño.

Hornee en un horno precalentado a 220 °C/425 °F/nivel de gas 7 durante 10 a 15 minutos hasta que suene hueco cuando se golpee en la base.

Pan de Granero con Avellanas

Rinde una hogaza de 900 g/2 lb

15 g/½ oz de levadura fresca o 20 ml/4 cucharaditas de levadura seca

5 ml / 1 cucharadita de azúcar moreno suave

450 ml/¾ pt/2 tazas de agua tibia

450 g/1 lb/4 tazas de harina de granero

175 g/6 oz/1½ tazas de harina fuerte normal (de pan)

5 ml/1 cucharadita de sal

15 ml/1 cucharada de aceite de oliva

100 g/4 oz/1 taza de avellanas, picadas en trozos grandes

Licúa la levadura con el azúcar y un poco de agua tibia y deja en un lugar tibio por 20 minutos hasta que esté espumoso. Mezcle las harinas y la sal en un tazón, agregue la mezcla de levadura, el aceite y el agua tibia restante y mezcle hasta obtener una masa firme. Amasar hasta que quede suave y ya no pegajoso. Colocar en un recipiente aceitado, cubrir con film transparente aceitado (envoltura de plástico) y dejar en un lugar cálido durante aproximadamente 1 hora hasta que doble su tamaño.

Vuelva a amasar ligeramente y agregue las nueces, luego forme un molde para pan de 900 g/2 lb engrasado, cubra con film transparente aceitado y déjelo en un lugar cálido durante 30 minutos hasta que la masa haya subido por encima de la parte superior del molde.

Hornee en un horno precalentado a 220 °C/425 °F/nivel de gas 7 durante 30 minutos hasta que se doren y suenen huecos cuando se golpeen en la base.

Grissini

hace 12

25 g/1 oz de levadura fresca o 40 ml/2½ cucharadas de levadura seca

15 ml/1 cucharada de azúcar en polvo (superfina)

120 ml/4 fl oz/½ taza de leche tibia

25 g/1 oz/2 cucharadas de mantequilla o margarina

450 g/1 lb/4 tazas de harina fuerte normal (de pan)

10 ml/2 cucharaditas de sal

Triturar la levadura con 5 ml/1 cucharadita de azúcar y un poco de leche templada y dejar en un lugar templado durante 20 minutos hasta que esté espumoso. Derrita la mantequilla y el azúcar restante en la leche tibia restante. En un bol ponemos la harina y la sal y hacemos un hueco en el centro. Vierta la mezcla de levadura y leche y combine para hacer una masa húmeda. Amasar hasta que quede suave. Colocar en un recipiente aceitado, cubrir con film transparente aceitado (envoltura de plástico) y dejar en un lugar cálido durante aproximadamente 1 hora hasta que doble su tamaño.

Amasar ligeramente, luego dividir en 12 y estirar en palitos largos y delgados y colocar, bien separados, en una bandeja para hornear (galletas) engrasada. Cubrir con film transparente aceitado y dejar leudar en un lugar tibio durante 20 minutos.

Cepille los palitos de pan con agua, luego hornee en un horno precalentado a 220 °C/425 °F/nivel de gas 7 durante 10 minutos, luego reduzca la temperatura del horno a 180 °C/350 °F/nivel de gas 4 y hornee por un otros 20 minutos hasta que estén crujientes.

Trenza de cosecha

Rinde una hogaza de 550 g/1¼ lb

25 g/1 oz de levadura fresca o 40 ml/2½ cucharadas de levadura seca

25 g/1 oz/2 cucharadas de azúcar en polvo (superfina)

150 ml/¼ pt/2/3 taza de leche tibia

50 g/2 oz/¼ taza de mantequilla o margarina, derretida

1 huevo batido

450 g/1 lb/4 tazas de harina normal (para todo uso)

Una pizca de sal

30 ml/2 cucharadas de grosellas

2,5 ml/½ cucharadita de canela molida

5 ml/1 cucharadita de cáscara de limón rallada

Leche para glasear

Triturar la levadura con 2,5 ml/½ cucharadita de azúcar y un poco de leche templada y dejar en un lugar templado durante unos 20 minutos hasta que esté espumoso. Mezclar la leche restante con la mantequilla o margarina y dejar enfriar un poco. Mezclar con el huevo. Colocar el resto de ingredientes en un bol y hacer un hueco en el centro. Agregue las mezclas de leche y levadura y mezcle hasta obtener una masa suave. Amasar hasta que esté elástico y ya no pegajoso. Coloque en un recipiente engrasado y cubra con film transparente engrasado (envoltura de plástico). Dejar en un lugar cálido durante aproximadamente 1 hora hasta que doble su tamaño.

Dividir la masa en tres y enrollar en tiras. Humedece un extremo de cada tira y sella los extremos, luego trénzalos y humedece y asegura los otros extremos. Coloque en una bandeja para hornear (galletas) engrasada, cubra con una película adhesiva engrasada y déjala en un lugar cálido durante 15 minutos.

Cepille con un poco de leche y hornee en un horno precalentado a 220 °C/425 °F/nivel de gas 7 durante 15 a 20 minutos hasta que se doren y suenen huecos cuando se golpean en la base.

Pan de leche

Rinde dos panes de 450 g/1 lb

15 g/½ oz de levadura fresca o 20 ml/4 cucharaditas de levadura seca

5 ml/1 cucharadita de azúcar en polvo (superfina)

450 ml/¾ pt/2 tazas de leche tibia

50 g/2 oz/¼ taza de mantequilla o margarina

675 g/1½ lb/6 tazas de harina normal (para todo uso)

Una pizca de sal

Leche para glasear

Licúa la levadura con el azúcar y un poco de la leche tibia. Dejar reposar en un lugar cálido durante unos 20 minutos hasta que esté espumoso. Unte la mantequilla o la margarina con la harina y la sal y haga un hueco en el centro. Mezcle la leche tibia restante y la mezcla de levadura y amase hasta obtener una masa suave pero no pegajosa. Coloque en un recipiente engrasado y cubra con film transparente engrasado (envoltura de plástico). Dejar en un lugar cálido durante aproximadamente 1 hora hasta que doble su tamaño.

Vuelva a amasar ligeramente, luego divida la mezcla entre dos moldes para pan de 450 g/1 lb engrasados (bandejas), cubra con film transparente aceitado y deje crecer durante unos 15 minutos hasta que la masa esté justo por encima de la parte superior de los moldes.

Cepille con un poco de leche, luego hornee en un horno precalentado a 200°C/400°F/nivel de gas 6 durante 30 minutos hasta que se doren y suenen huecos cuando se golpeen en la base.

Pan de frutas con leche

Rinde dos panes de 450 g/1 lb

15 g/½ oz de levadura fresca o 20 ml/4 cucharaditas de levadura seca

5 ml/1 cucharadita de azúcar en polvo (superfina)

450 ml/¾ pt/2 tazas de leche tibia

50 g/2 oz/¼ taza de mantequilla o margarina

675 g/1½ lb/6 tazas de harina normal (para todo uso)

Una pizca de sal

100 g/4 oz/2/3 taza de pasas

Leche para glasear

Licúa la levadura con el azúcar y un poco de la leche tibia. Dejar reposar en un lugar cálido durante unos 20 minutos hasta que esté espumoso. Unte la mantequilla o la margarina con la harina y la sal, agregue las pasas y haga un hueco en el centro. Mezcle la leche tibia restante y la mezcla de levadura y amase hasta obtener una masa suave pero no pegajosa. Coloque en un recipiente engrasado y cubra con film transparente engrasado (envoltura de plástico). Dejar en un lugar cálido durante aproximadamente 1 hora hasta que doble su tamaño.

Vuelva a amasar ligeramente, luego divida la mezcla entre dos moldes para pan de 450 g/1 lb engrasados (bandejas), cubra con film transparente aceitado y deje crecer durante unos 15 minutos hasta que la masa esté justo por encima de la parte superior de los moldes.

Cepille con un poco de leche, luego hornee en un horno precalentado a 200°C/400°F/nivel de gas 6 durante 30 minutos hasta que se doren y suenen huecos cuando se golpeen en la base.

Pan de gloria de la mañana

Rinde dos panes de 450 g/1 lb

100 g/4 oz/1 taza de granos de trigo integral

15 ml/1 cucharada de extracto de malta

450 ml/¾ pt/2 tazas de agua tibia

25 g/1 oz de levadura fresca o 40 ml/2½ cucharadas de levadura seca

30 ml/2 cucharadas de miel clara

25 g/1 oz/2 cucharadas de grasa vegetal (manteca vegetal)

675 g/1½ lb/6 tazas de harina integral (integral)

25 g/1 oz/¼ taza de leche en polvo (leche descremada en polvo)

5 ml/1 cucharadita de sal

Remoje los granos de trigo integral y el extracto de malta en agua tibia durante la noche.

Mezcle la levadura con un poco más de agua tibia y 5 ml/1 cucharadita de miel. Dejar en un lugar cálido durante unos 20 minutos hasta que esté espumoso. Frote la grasa en la harina, la leche en polvo y la sal y haga un hueco en el centro. Agregue la mezcla de levadura, la miel restante y la mezcla de trigo y mezcle hasta obtener una masa. Amasar bien hasta que quede suave y ya no pegajoso. Colocar en un recipiente aceitado, cubrir con film transparente aceitado (envoltura de plástico) y dejar en un lugar cálido durante aproximadamente 1 hora hasta que doble su tamaño.

Vuelva a amasar la masa, luego forme dos moldes para pan de 450 g/1 lb engrasados. Cubrir con film transparente aceitado y dejar reposar en un lugar cálido durante 40 minutos hasta que la masa llegue justo por encima de la parte superior de los moldes.

Hornee en un horno precalentado a 200°C/425°F/nivel de gas 7 durante unos 25 minutos hasta que suba bien y suene hueco cuando se golpee en la base.

pan de molde

Rinde dos panes de 900 g/2 lb

300 g/10 oz/2½ tazas de harina integral (integral)

300 g/10 oz/2½ tazas de harina normal (para todo uso)

40 ml/2½ cucharadas de levadura seca

15 ml/1 cucharada de azúcar en polvo (superfina)

10 ml/2 cucharaditas de sal

500 ml/17 fl oz/2¼ tazas de leche tibia

2,5 ml/½ cucharadita de bicarbonato de sodio (bicarbonato de sodio)

15 ml/1 cucharada de agua tibia

Mezclar las harinas juntas. Mida 350 g/12 oz/3 tazas de las harinas mezcladas en un tazón y mezcle la levadura, el azúcar y la sal. Agregue la leche y bata hasta obtener una mezcla espesa. Mezcle el bicarbonato de sodio y el agua y revuelva en la masa con la harina restante. Dividir la mezcla entre dos moldes para pan (moldes) de 900 g/2 lb engrasados, tapar y dejar leudar durante aproximadamente 1 hora hasta que doble su tamaño.

Hornee en un horno precalentado a 190°C/ 375°F/nivel de gas 5 durante 1¼ horas hasta que suba bien y se dore.

Pan sin levadura

Rinde una hogaza de 900 g/2 lb

450 g/1 lb/4 tazas de harina integral (integral)

175 g/6 oz/1½ tazas de harina leudante

5 ml/1 cucharadita de sal

30 ml/2 cucharadas de azúcar glas (superfina)

450 ml/¾ pt/2 tazas de leche

20 ml/4 cucharaditas de vinagre

30 ml/2 cucharadas de aceite

5 ml/1 cucharadita de bicarbonato de sodio (bicarbonato de sodio)

Mezclar las harinas, la sal y el azúcar y hacer un hueco en el centro. Batir la leche, el vinagre, el aceite y el bicarbonato de sodio, verter en los ingredientes secos y mezclar hasta obtener una masa suave. Forme un molde para pan (bandeja) de 900 g/2 lb engrasado y hornee en un horno precalentado a 180 °C/350 °F/nivel de gas 4 durante 1 hora hasta que se dore y suene a hueco al golpearlo en la base.

Masa para pizza

Rinde suficiente para dos pizzas de 23 cm/9 pulgadas

15 g/½ oz de levadura fresca o 20 ml/4 cucharaditas de levadura seca

una pizca de azúcar

250 ml/8 fl oz/1 taza de agua tibia

350 g/12 oz/3 tazas de harina normal (para todo uso)

Una pizca de sal

30 ml/2 cucharadas de aceite de oliva

Licúa la levadura con el azúcar y un poco de agua tibia y deja en un lugar tibio por 20 minutos hasta que esté espumoso. Mezclar con la harina con la sal y el aceite de oliva y amasar hasta que quede suave y no pegajoso. Colocar en un recipiente aceitado, cubrir con film transparente aceitado (envoltura de plástico) y dejar en un lugar cálido durante 1 hora hasta que doble su tamaño. Vuelva a amasar y dé forma según sea necesario.

Mazorca De Avena

Rinde una hogaza de 450 g/1 lb

25 g/1 oz de levadura fresca o 40 ml/2½ cucharadas de levadura seca

5 ml/1 cucharadita de azúcar en polvo (superfina)

150 ml/¼ pt/2/3 taza de leche tibia

150 ml/¼ pt/2/3 taza de agua tibia

400 g/14 oz/3½ tazas de harina fuerte normal (de pan)

5 ml/1 cucharadita de sal

25 g/1 oz/2 cucharadas de mantequilla o margarina

100 g/4 oz/1 taza de avena mediana

Licuar la levadura y el azúcar con la leche y el agua y dejar en un lugar tibio hasta que esté espumoso. Mezcle la harina y la sal, luego frote la mantequilla o la margarina y agregue la avena. Haga un pozo en el centro, vierta la mezcla de levadura y mezcle hasta obtener una masa suave. Volcar sobre una superficie enharinada y amasar durante 10 minutos hasta que quede suave y elástica. Colóquelo en un recipiente aceitado, cubra con film transparente aceitado (envoltura de plástico) y déjelo en un lugar cálido para que suba durante aproximadamente 1 hora hasta que doble su tamaño.

Vuelva a amasar la masa, luego déle la forma de pan de su elección. Colocar en una bandeja para hornear (galletas) engrasada, pincelar con un poco de agua, cubrir con film transparente aceitado y dejar en un lugar cálido durante unos 40 minutos hasta que doble su tamaño.

Hornee en un horno precalentado a 230 °C/450 °F/nivel de gas 8 durante 25 minutos hasta que esté bien levantado y dorado y con un sonido hueco cuando se golpea en la base.

Farl de avena

Hace 4

25 g/1 oz de levadura fresca o 40 ml/2½ cucharadas de levadura seca

5 ml/1 cucharadita de miel

300 ml/½ pt/1¼ tazas de agua tibia

450 g/1 lb/4 tazas de harina fuerte normal (de pan)

50 g/2 oz/½ taza de avena mediana

2,5 ml/½ cucharadita de levadura en polvo

Una pizca de sal

25 g/1 oz/2 cucharadas de mantequilla o margarina

Licuar la levadura con la miel y un poco de agua tibia y dejar en un lugar tibio por 20 minutos hasta que esté espumoso.

Mezcle la harina, la avena, el polvo de hornear y la sal y frote la mantequilla o la margarina. Agregue la mezcla de levadura y el agua tibia restante y mezcle hasta obtener una masa medianamente suave. Amasar hasta que esté elástico y ya no pegajoso. Colocar en un recipiente aceitado, cubrir con film transparente aceitado (envoltura de plástico) y dejar en un lugar cálido durante aproximadamente 1 hora hasta que doble su tamaño.

Vuelva a amasar ligeramente y forme un círculo de unos 3 cm/1¼ de grosor. Cortar en cuartos y colocar, ligeramente separados pero aún en la forma redonda original, en una bandeja para hornear (galletas) engrasada. Cubrir con film transparente aceitado y dejar leudar unos 30 minutos hasta que doble su tamaño.

Hornee en un horno precalentado a 200 °C/400 °F/nivel de gas 6 durante 30 minutos hasta que se doren y suenen huecos cuando se golpeen en la base.

Pan de pita

Hace 6

15 g/½ oz de levadura fresca o 20 ml/4 cucharaditas de levadura seca

5 ml/1 cucharadita de azúcar en polvo (superfina)

300 ml/½ pt/1¼ tazas de agua tibia

450 g/1 lb/4 tazas de harina fuerte normal (de pan)

5 ml/1 cucharadita de sal

Mezcle la levadura, el azúcar y un poco de agua tibia y déjelo en un lugar cálido durante 20 minutos hasta que esté espumoso. Mezcle la mezcla de levadura y el agua tibia restante con la harina y la sal y mezcle hasta obtener una masa firme. Amasar hasta que esté suave y elástica. Colocar en un recipiente aceitado, cubrir con film transparente aceitado (envoltura de plástico) y dejar en un lugar cálido durante aproximadamente 1 hora hasta que doble su tamaño.

Amasar nuevamente y dividir en seis partes. Enrolle en óvalos de unos 5 mm/¼ de grosor y colóquelos en una bandeja para hornear (galletas) engrasada. Cubrir con film transparente aceitado y dejar leudar durante 40 minutos hasta que doble su tamaño.

Hornee en un horno precalentado a 230°C/450°F/gas marca 8 durante 10 minutos hasta que estén ligeramente dorados.

Pan integral rápido

Rinde dos panes de 450 g/1 lb

15 g/½ oz de levadura fresca o 20 ml/4 cucharaditas de levadura seca

300 ml/½ pt/1¼ tazas de leche tibia y agua mezclada

15 ml/1 cucharada de melaza negra (melaza)

225 g/8 oz/2 tazas de harina integral (integral)

225 g/8 oz/2 tazas de harina normal (para todo uso)

10 ml/2 cucharaditas de sal

25 g/1 oz/2 cucharadas de mantequilla o margarina

15 ml/1 cucharada de trigo partido

Mezclar la levadura con un poco de leche tibia y agua y la melaza y dejar en un lugar tibio hasta que esté espumoso. Mezcle las harinas y la sal y frote con la mantequilla o la margarina. Haga un pozo en el centro y vierta la mezcla de levadura, mezclando hasta obtener una masa firme. Voltee sobre una superficie enharinada y amase durante 10 minutos hasta que quede suave y elástica, o procese en un procesador de alimentos. Forme dos panes y colóquelos en moldes para pan (bandejas) de 450 g/1 lb engrasados y forrados. Cepille la parte superior con agua y espolvoree con el trigo partido. Cubra con film transparente aceitado (envoltura de plástico) y déjelo en un lugar cálido durante aproximadamente 1 hora hasta que doble su tamaño.

Hornee en un horno precalentado a 240°C/ 475°F/nivel de gas 8 durante 40 minutos hasta que las hogazas suenen huecas al golpearlas en la base.

Pan de Arroz Húmedo

Rinde una hogaza de 900 g/2 lb

75 g/3 oz/1/3 taza de arroz de grano largo

15 g/½ oz de levadura fresca o 20 ml/4 cucharaditas de levadura seca

una pizca de azúcar

250 ml/8 fl oz/1 taza de agua tibia

550 g/1¼ lb/5 tazas de harina fuerte normal (de pan)

2,5 ml/½ cucharadita de sal

Mida el arroz en una taza, luego viértalo en una sartén. Agregue tres veces el volumen de agua fría, lleve a ebullición, tape y cocine a fuego lento durante unos 20 minutos hasta que el agua se haya absorbido. Mientras tanto, mezcle la levadura con el azúcar y un poco de agua tibia y deje en un lugar cálido durante 20 minutos hasta que esté espumoso.

En un bol ponemos la harina y la sal y hacemos un hueco en el centro. Mezcle la mezcla de levadura y el arroz tibio y mezcle hasta obtener una masa suave. Colocar en un recipiente aceitado, cubrir con film transparente aceitado (envoltura de plástico) y dejar en un lugar cálido durante aproximadamente 1 hora hasta que doble su tamaño.

Amasar ligeramente, agregando un poco más de harina si la masa es demasiado blanda para trabajar, y darle forma a un molde para pan engrasado de 900 g/2 lb. Cubrir con film transparente aceitado y dejar reposar en un lugar cálido durante 30 minutos hasta que la masa haya subido por encima del borde del molde.

Hornee en un horno precalentado a 230 °C/450 °F/gas marca 8 durante 10 minutos, luego reduzca la temperatura del horno a 200 °C/400 °F/gas marca 6 y hornee por otros 25 minutos hasta que estén dorados y huecos. -sonando cuando se golpea en la base.

Pan de Arroz y Almendras

Rinde una hogaza de 900 g/2 lb

175 g/6 oz/¾ taza de mantequilla o margarina, blanda

175 g/6 oz/¾ taza de azúcar en polvo (superfina)

3 huevos, ligeramente batidos

100 g/4 oz/1 taza de harina fuerte normal (de pan)

5 ml/1 cucharadita de levadura en polvo

Una pizca de sal

100 g/4 oz/1 taza de arroz molido

50 g/2 oz/½ taza de almendras molidas

15 ml/1 cucharada de agua tibia

Bate la mantequilla o la margarina y el azúcar hasta que quede suave y esponjosa. Bata gradualmente los huevos, luego agregue los ingredientes secos y el agua para hacer una masa suave. Forme un molde para pan (bandeja) de 900 g/2 lb engrasado y hornee en un horno precalentado a 180 °C/350 °F/nivel de gas 4 durante 1 hora hasta que se dore y suene a hueco al golpearlo en la base.

www.ingramcontent.com/pod-product-compliance
Lightning Source LLC
Chambersburg PA
CBHW071236080526
44587CB00013BA/1644